Iddi wrth Ananwen a Euawyn.

Dydd Gwyl Dewi Sant.
— 1993.

Dymuniadau goreu.

Iddi wrth Ananwen a Euawyn.

Dydd Gwyl Dewi Sant.
— 1993.

WALES
FROM THE AIR

CYMRU
O'R AWYR

WALES
FROM THE AIR

FOREWORD BY JAN MORRIS
Photographs by Aerofilms

CYMRU
O'R AWYR

RHAGAIR GAN JAN MORRIS
Ffotograffau gan Aerofilms

BARRIE & JENKINS
LONDON

LIST OF AERIAL PHOTOGRAPHS

RHESTR AWYRLUNIAU

FOREWORD
BY JAN MORRIS

Landscape creates nations, and nowhere is the truism truer than in Wales, Cymru, which is a bumpy squarish protrusion on the western flank of England. Almost everything about Wales has been decreed by its terrain; certainly if the countryside had been different the Welsh people as we know them would never have existed.

A mere skim through the pictures in this book will show what kind of countryside it is. Its heart is a mass of mountains, never more than 3,500 feet high but wild and often forbidding, and penetrated by few roads. Around the edges of these highlands are expanses of fine pastoral country, watered by many rivers, while the coastline varies from easy-going tidal flats to fierce sea-cliffs, and is corrugated by scores of havens. The whole is very compact – never more than 130 miles from north to south, only 40 miles across at its narrowest point. On the one hand the sea and its wide horizons are never far away, on the other the English border is always close.

Originally there was no such border, and Wales was simply a remote part of the Isle of Britain, inhabited first by hazily imaginable neolithics, then by successions of Celtic invaders who were ethnically more or less identical to their contemporaries in England. Even then, though, we may assume that landscape was already moulding character, and that the early Welsh were recognisably different from their neighbours to the east – mountain and sea people, more remote from Continental influences, Druidically dominated and living often, the Welsh climate being what it is, in conditions of particularly character-forming discomfort.

Their history begins with the Romans, who entered the country in about AD 50 and stayed there until the fourth century. The grand amphitheatre at Caerleon in Gwent is a kind of logo of the Roman presence – easily recognisable, memorable, efficient and assured. But though they stationed troops all over the country, and built fortresses in strategic places around the mountain mass, the Romans never pacified the whole country, and it remained a military zone to the end. Their lonelier outposts, like Segontium in Gwynedd, must have been homesick camps indeed: if Caerleon became the centre of a rich and complacent Romano-British society, in the mountains the wilder Welsh lived much as they always had.

Wales was Christianised under Roman rule, and alone among the former provinces of the western Empire was never overrun by Rome's heathen successors. The Saxons never got far in Wales. Left to themselves for six centuries, the Welsh fitfully emerged as an intricate, subtle and cultivated nation, split all too often among squabbling princedoms, but now and then coalescing into unity. The Dark Ages were their golden age. You can see its relics everywhere, in the exquisite churches of Celtic Christianity, in native strongholds like Dinas Brân or Cricieth, built in such instinctive intimacy with the landscape that they often look less like constructions that outcrops of the rock. The Welsh had no towns and few villages, but by the sixth century they had established in their own Celtic language, a language totally different from English, a poetic tradition that has survived unbroken until today – one of the oldest literary heritages in all Europe.

Look now at the castles of the Normans, represented throughout this book – Rhuddlan and Caerphilly, Kidwelly and Caernarfon, built nearly always to command the lowlands and estuaries of Wales, and to contain the recalcitrant Welsh within their central highlands. The Normans first entered Wales soon after the Battle of Hastings, but they were furiously resisted, and they did not control the whole country for 200 years, by which time the Welsh princes had adapted many of their practices, and they themselves had been transmuted into Englishmen. In 1282 they defeated the last of the independent Welsh rulers, Llewelyn Olaf, Llywelyn the Last, and though at the beginning of the fifteenth century they had to put down the ferocious rebellion of Owain Glyndŵr, the most charismatic of all Welsh champions, by 1536 Henry VIII was able to declare Wales officially united with England in one indissoluble kingdom.

Once again we can see this history in the landscape. The conquering Anglo-Normans, like the Romans before them, kept largely to the fertile low ground of Wales, and it was they who built most of the agreeable market towns which now chequer the country. Llanidloes, Laugharne, Llandovery, Montgomery – established as they generally were in places of junction among the mountains, or in favourable positions on the coasts and flatlands, they powerfully illustrate the growing dichotomy of Wales in the Middle Ages, between the English occupiers, entrenched in their towns and estates, and the Welsh indigenes of the high ground and the more desolate rural parts.

But Wales was never quite conquered. Its harsh terrain meant that even after Henry's Act of Union English ways and values did not easily infiltrate the Welsh heartlands. The English never did succeed in stamping out the Welsh language, and so far Wales has remained unmistakably Wales. We see from these photographs how immediately the lay of the land has dictated the fortunes of its people even in modern times. We see the coal valleys of South Wales which made the country, for a generation or two, one of the great industrial power-houses of the world. We see the ports, Milford Haven, Cardiff, Swansea, Aberaeron, Holyhead, which gave the Welsh their world-wide maritime fame. Here are the slate-quarries and the sheep-runs, and the power stations, hydro-electric or nuclear, which still exploit the steepness and the relative remoteness of Wales. Here is that bunker of bureaucracy, the Driver Vehicle Licensing Agency, which is the modern equivalent of a Norman castle – an incubus of British imperial authority in occupied territory.

Through it all the land remains: a trite thought I know, but a common one in Wales, where it has often seemed to beleaguered patriots, in every generation, that the mountains, the seashores and the river valleys are the only constants they can truly call their own. Shepherds may come and go, suggests one of the best-loved of all Welsh poems, John Ceiriog Hughes' *Aros mae*, but so long as the mighty mountains stand, so will the Welsh remain themselves. The poet never saw Wales from the air – he died in 1887 – but this collection of photographs would only confirm him, I think, in his lyric conviction: castles, towns, abbeys, docks, bridges, churches, power stations and all seem mere appendages still, even now, to the grand presence of Wales itself.

RHAGAIR
GAN JAN MORRIS

O'r tir y daw cenedl, meddan' nhw. A go brin fod unman arall yn dangos hynny'n well na Chymru. Oherwydd y tir mae bron iawn pob dim yng Nghymru fel y mae. Ac yn saff ichi, petasai'r wlad fel arall, byddai'r Cymry, fel y maen' nhw heddiw, hed fod erioed.

Mae modd i'r cymowtwr brwd ddod i 'nabod rhywfaint ar bob cŵr o'r *cilcyn o ddaear*; 130 o filltiroedd o hyd ar ei hira' un, a chwta 40 milltir o led lle mae hi gula'. Ond i'r lle cyfyng hwn mi heliodd y Bod Mawr at ei gilydd gymaint o Bethau'r byd nes bod modd gweld o fewn diwrnod bob gwedd sydd i'w chael ar ddaearyddiaeth (heblaw anialwch crasboeth, hwyrach) ac ar hanes; mynydd a maes, llechwedd a llyn, carreg las a gwenithfaen, morfa tawel a chlogwyn erchyll, caer a chastell a thwlc a thŷ. Ond mi fentra'i y gwnaiff hyd yn oed y sawl sy'n gwybod tri englyn ar ei go' i bob un o'r pethau hyn synnu wrth eu gweld o'r newydd yn y llyfr hwn – eu gweld fel y gwêl y Bod Mawr nhw!

O'r nefoedd mae hyd yn oed y ffin rhwng Cymru a Lloegr i'w gweld yma ac acw o dan y danadl a'r ysgall. Ond yn y dechrau un, wrth gwrs, 'doedd dim ffin yn bod. Pan oedd pobl annirnad Oes y Cerrig yn mynd o gwmpas eu pethau cromlechgar, 'doedd Cymru ond yn gŵr anghysbell o Ynys Prydain. A phan ddaeth y Celtiaid, yr un fath bron oedd eu hiaith a'u harferion nhw drwy'r ynys i gyd. Ond mae'n siŵr fod modd 'nabod Cymro bryd hynny hyd yn oed, a'r tir eisoes wedi gadael ei ôl ar bobl y Gorllewin – pobl y mynydd a'r môr, yn byw am yr ynys â'r Cyfandir, yn dal o dan swyn eu derwyddon, ac yng nghanol y gwynt a'r glaw.

Gyda'r Rhufeiniaid mae hanes y Cymry'n cychwyn. Mi ddaeth y rheini o ddeutu 50 AC, ac aros tan y bedwaredd ganrif. A chofeb gampus iddynt ydi'r amffitheatr fawr yng Nghaerleon yng Ngwent – peth hawdd ei 'nabod, cofiadwy, di-lol, llawn hyder. Ond er iddynt osod milwyr ym mhob man, a chodi caerydd mewn llecynnau allweddol, ni ddaeth y Rhufeiniaid erioed â heddwch i'r wlad i gyd. Mi fu'n rhaid cadw cow ar Gymru tan y diwedd un. A meddyliwch hiraeth oedd 'na mewn pen-draw'r-byd o le diarffordd fel Segontiwm. Yng Nghaerleon mi ddaeth y Brythoniaid yn Rhufeiniaid da eu byd, ond dal i fyw yr un fath â'u cyndadau ers cyn co' a wnaeth Cymry'r mynyddoedd.

O dan lywodraeth Rhufain mi ddaeth Cristnogaeth i Gymru, ac o blith holl diriogaethau Ymerodraeth y Gorllewin, dim ond Cymru a fu heb ei goresgyn gan y barbariaid paganaidd a ddaeth wedyn. Ni chafodd y Sacsoniaid fawr o hwyl arni yng Nghymru, ac mi gafodd lonydd am chwe chanrif i fynd ei ffordd ei hun. Ac o dipyn i beth, dyma genedl yn dod i'r fei, wedi'i rhwygo'n amlach na heb gan dywysogion ffraegar ac ymgecrus, ond yn dod yn awr ac yn y man yn un. Ei hoes aur hi oedd yr Oes Dywyll, ac mae creiriau honno i'w gweld ym mhob man, yn berlau bach o eglwysi Celtaidd, ac yn gaerydd brodorol fel Dinas Brân a Chricieth, sydd mor gydnaws â'r tir nes y taerech eu bod yn tyfu o'r graig. 'Doedd fawr o natur codi trefi yn y Cymry, ond erbyn y chweched ganrif 'roeddent wedi gosod sylfaen gadarn i'r llên sydd wedi parhau'n ddifwlch hyd y dydd heddiw. A dyna ichi dreftadaeth lenyddol sydd gyda'r hyna' yn Ewrop.

Mae llond y llyfr hwn o gestyll y Norman – Rhuddlan, a Chaerffili, Cydweli a Chaernarfon, a godwyd gan mwya' er mwyn rheoli llawr gwlad ac aberoedd Cymru, a chau'r Cymry o fewn y mynyddoedd. Mi ddaeth y Normaniaid yma gynta' toc ar ôl Brwydr Hastings, ond mi fu cwffio ffyrnig yn eu herbyn, ac mi fuon' am 200 mlynedd yn ceisio cael y llaw ucha' ar y wlad. Erbyn hynny 'roedd y Tywysogion Cymreig wedi mabwysiadu llawer o'u harferion, a hwythau'r Normaniaid wedi ymseisnigo. Ac wedyn dyna ladd Llywelyn Ein Llyw Olaf ym 1282, ac er ffyrniced gwrthryfel Owain Glyndŵr yn nechrau'r 15fed ganrif, mi ddaeth Cymru yn un â Lloegr drwy orchymyn Harri VIII ym 1536.

Mae'r holl droeon hanes hyn i'w gweld ar wyneb y tir. Mi arhosodd yr Eingl-Normaniaid fynycha', fel y Rhufeiniaid o'u blaenau, ar lawr-gwlad glas Cymru. Hwy piau'r rhan fwya' o'r trefi marchnad dymunol sy'n britho'r wlad – Llanidloes, Talycharn, Llanymddyfri, neu Drefaldwyn. Mae'r trefi hyn, sydd wedi eu codi mwy na heb yng nghesail mynydd, neu mewn llecyn hwylus ar lan y môr, yn dwyn i go' yr ymgarfannu mawr yn yr Oesoedd Canol – yr estron Sais a tu ôl i furiau'r dre' a'r ystâd, a'r Cymro draw ar y tir uchel ac yn yr unigeddau gwledig.

Ond ni ddaeth neb i ben â llwyr orchfygu Cymru. Oherwydd garwed y tir, ara' iawn y sleifiodd arferion a gwerthoedd y Sais i gefn gwlad, hyd yn oed ar ôl y Ddeddf Uno. Er gwaetha' *pawb a phopeth, rŷn ni yma o hyd*. Ac mi welwn yn y lluniau hyn fel y bu tynged y Cymry ynghlwm wrth y tir, hyd yn oed yn ddiweddar. Dacw'r pyllau glo, a wnaeth y wlad hon am genhedlaeth neu ddwy yn un o bwerdai diwydiannol mawr y byd. Dacw'r porthladdoedd, Aberdaugleddau, Caerdydd, Abertawe, Abcracron, Caergybi, a wnaeth y Cymry'n forwyr enwog drwy'r byd. Dacw'r chwareli, a ffriddoedd y defaid, a'r pwerdai, yn rhai dŵr neu niwclear, sy'n manteisio o hyd ar dir serth ac anghyfanedd-dra Cymru. A dacw'r byncar biwrocrataidd hwnnw, y Ganolfan Drewyddedu Cerbydau, yn gastell o beth imperialaidd Prydeinig.

Ond *aros mae'r mynyddau mawr*, a bu hynny'n hwb i lawer gwladgarwr ar hyd yr oesoedd, a fu'n amau hwyrach nad oes yr un trysor o eiddo'r Cymry sy'n parhau ond y mynydd a'r dyffryn a'r traeth. 'Welodd Ceiriog mo Gymru o'r awyr erioed, wrth reswm, ond petai'n gweld y casgliad hwn o luniau, 'fyddai'n newid dim, mae'n siŵr gen i, ar ei argyhoeddiad telynegol: nad ydi cestyll, na threfi, nac abatai, na dociau, na phontydd, nac eglwysi, na phwerdai, hyd yn oed heddiw, fel petaen' nhw'n perthyn yr un dim i hanfod Cymru ei hun.

(Addasiad gan Twm Morys)

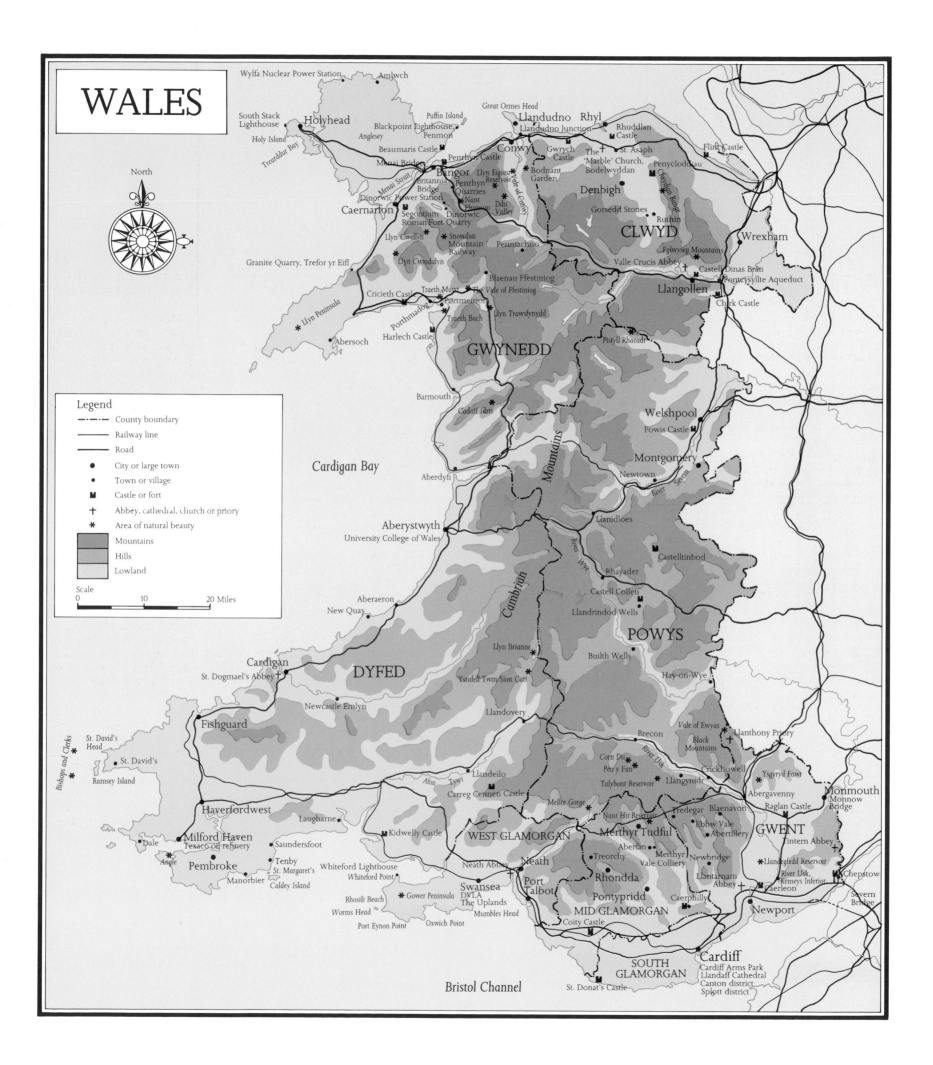

WALES

Legend

- —·—·— County boundary
- ——— Railway line
- ——— Road
- ● City or large town
- • Town or village
- ⬕ Castle or fort
- ✝ Abbey, cathedral, church or priory
- ✱ Area of natural beauty

Mountains
Hills
Lowland

Scale
0   10   20 Miles

North

Wylfa Nuclear Power Station
Amlwch
South Stack Lighthouse
Holyhead
Blackpoint Lighthouse
Puffin Island
Holy Island
Anglesey
Penmon
Trearddur Bay
Beaumaris Castle
Menai Bridge
Penrhyn Castle
Bangor
Britannia Bridge
Penrhyn Quarries
Dinorwic Power Station
Nant Ffrancon
Caernarfon
Segontium Roman Fort
Dinorwic Quarry
Ddu Valley
Llyn Cwellyn
Snowdon Mountain Railway
Granite Quarry, Trefor yr Eifl
Llyn Cwmdulyn
Penmachno
Llyn Peninsula
Blaenau Ffestiniog
The Vale of Ffestiniog
Cricieth Castle
Traeth Mawr
Portmeirion
Porthmadog
Traeth Bach
Llyn Trawsfynydd
Abersoch
Harlech Castle

Great Ormes Head
Llandudno Rhyl
Llandudno Junction
Rhuddlan Castle
Conwy
Gwrych Castle
The 'Marble' Church, Bodelwyddan
St. Asaph
Penycloddiau
Flint Castle
Bodnant Garden
Denbigh
Gorsedd Stones
Ruthin
CLWYD
Wrexham
Valle of Conwy
Llyn Eigiau Reservoir
Eglwyseg Mountains
Valle Crucis Abbey
Castell Dinas Bran
Llangollen
Pontcysyllte Aqueduct
Chyddan Range
Chirk Castle

GWYNEDD
Pistyll Rhaeadr

Barmouth
Cadair Idris
Welshpool
Powis Castle
Montgomery
Newtown
River Severn

Cardigan Bay

Aberdyfi

Llanidloes

Aberystwyth
University College of Wales

River Wye
Castelltinbod
Rhayader
Castell Collen
Llandrindod Wells
POWYS

Cambrian Mountains

Aberaeron
New Quay

Llyn Brianne
Builth Wells
Hay-on-Wye

Cardigan
St. Dogmael's Abbey
DYFED
Ystafell Twm Sion Cati

Newcastle Emlyn
Llandovery

Fishguard
St. David's Head
Bishops and Clerks
St. David's
Ramsey Island

Haverfordwest
Laugharne

Milford Haven
Texaco oil refinery
Dale
Angle
Pembroke
Manorbier
Saundersfoot
Tenby
St. Margaret's
Caldey Island
Kidwelly Castle
Llandeilo
Afon Tywi
Carreg Cennen Castle

WEST GLAMORGAN
Mellte Gorge

Rhosili Beach
Worms Head
Gower Peninsula
Port Eynon Point
Oxwich Point
Whiteford Lighthouse
Whiteford Point
Swansea
DVLA
The Uplands
Mumbles Head
Neath Abbey
Neath
Port Talbot

Vale of Ewyas
Brecon
Black Mountains
Llanthony Priory
Corn Du
Pen y Fan
Talybont Reservoir
Crickhowell
Ysgyryd Fawr
Llangynidr
Abergavenny
Nant Hir Reservoir
Tredegar
Blaenavon
Raglan Castle
Monmouth
Monnow Bridge
Merthyr Tudful
Aberfan
Ebbw Vale
Abertillery
GWENT
Tintern Abbey
Treorchy
Merthyr Vale Colliery
Newbridge
Llandegfedd Reservoir
Rhondda
Llantarnam Abbey
River Usk, Kemeys Inferior
Chepstow
Pontypridd
Caerphilly
Caerleon
Severn Bridge
MID GLAMORGAN
Newport
Coity Castle
SOUTH GLAMORGAN
Cardiff
Cardiff Arms Park
Llandaff Cathedral
Canton district
Splott district
St. Donat's Castle

Bristol Channel

PONTCYSYLLTE AQUEDUCT

The eighteen elegant stone pillars of Telford's Pontcysyllte Aqueduct
carry the Llangollen Branch of the Shropshire Union Canal 120 feet above
one of Wales's major rivers, the Dee, in an iron trough. A thousand
feet in length, and one of the triumphs of the Industrial Revolution, it is the
longest aqueduct in Britain.

PONTCYSYLLTE

Y mae'r deunaw piler carreg dan bont-ddŵr Telford yn cynnal
cangen Llangollen o gamlas y Shropshire Union mewn cafn o haearn 120
troedfedd goruwch Dyfrdwy, un o brif afonydd Cymru. Dyma'r
bont-ddŵ hwyaf ym Mhrydain, mil o droedfeddi, ac un o gampweithiau'r
Chwyldro Diwydiannol.

CHIRK CASTLE

A mighty medieval fortress pierced by Jacobean mullioned windows
and surrounded by gracious eighteenth-century parkland, Chirk Castle owes
its curious mixture of architectural styles to the fact that, unique
among Edward I's Marcher castles, it has been continuously inhabited since
it was first built. It dates from c.1295-1310.

CASTELL Y WAUN

Codwyd yr amddiffynfa fawr wreiddiol yn yr Oesau Canol, a
pherthyn y ffenestri i gyfnod Iago I. Saif yn hyfrydwch parciau o'r
ddeunawfed ganrif, a'r rheswm am gymysgedd rhyfedd ei
adeiladwaith yw mai dyma'r unig un ymhlith cestyll Edward I ar y goror y
bu trigolion ynddo'n barhaus. Fe'i codwyd tua 1295-1310.

LLANGOLLEN

Only a few miles for the English border, Llangollen, with its
mountain scenery and fine fourteenth-century bridge over the River Dee, is
nevertheless quintessentially Welsh. It is the home every July of the
International Musical Eisteddfod (the edge of the festival ground is on the
left of the picture): competitors come from over 30 nations.

LLANGOLLEN

Er nad oes ond ychydig filltiroedd rhyngddi a'rgoror, naws Gymreig
sydd i Langollen gyda'i golygfeydd mynyddig a'i phont wych o'r bedwaredd
ganrif ar ddeg dros Afon Dyfrdwy. Dyma fan cynnal yr Eisteddfod
Ryngwladol bob Gorffennaf (gwelir ymyl maes yr Eisteddfod ar y chwith)
lle daw cystadleuwyr o ragor na 30 cenedl.

EGLWYSEG MOUNTAINS

Between the Clwydian Range to the north and the Berwyns to the
south-west, the Eglwyseg Mountains rise in a steep scarp slope above
Llangollen. These are limestone hills whose lead deposits were
probably mined by the Romans; later, during the great age of the lead
industry, there were important mines at Minera, just north of here.

CASTELL DINAS BRÂN, LLANGOLLEN

On a high hilltop dominating the Dee Valley above Llangollen
stands the ruined Welsh stronghold of Castell Dinas Brân, built about 1200
as a garrison for resistance against the English. 'Dinas' means 'fort',
referring to an Iron Age hillfort on the same site, whose bank and ditch can
be clearly seen to the right of the castle walls.

MYNYDD EGLWYSEG

Rhwng bryniau Clwyd i'r gogledd a'r Berwyn i'r de-orllewin
ymgyfyd Mynydd Eglwyseg yn greigiau serth uwchben Llangollen. Carreg
galch ydynt, sy'n cynnwys plwm a gloddiwyd gan y Rhufeiniaid. Yn
ddiweddarach, yn oes fawr y diwydiant, bu mwyngloddiau pwysig ym
Minera, i'r gogledd oddi yma.

CASTELL DINAS BRÂN, LLANGOLLEN

Ar gopa bryn uchel uwchben Llangollen a dyffryn Dyfrdwy erys
adfail caer Gymreig Castell Dinas Brân, a godwynd tua 1200 i wrthsefyll y
Saeson. Un ystyr i 'dinas' yw caer, sy'n cyfeirio yma at gaer o Oes
yr Haearn yn yr un fan, y gwelir ei chlawdd a'r ffos yn amlwg i'r dde o
furiau'r castell.

VALLE CRUCIS ABBEY

Just north of Llangollen, in idyllic surroundings, stand the remains
of the great Cistercian abbey of Valle Crucis, founded in 1201 by Madog ap
Gruffydd, Prince of Powys. From the air, the cruciform shape of the
church can be clearly seen; the roofed building to its right, overlooking the
cloister, was used as a house after the Dissolution of the
Monasteries.

ABATY GLYN Y GROES

Yn union i'r gogledd o Langollen, mewn llecyn swynol, saif adfeilion
abaty Sistersaidd mawr Glyn y Groes, a sefydlwyd yn 1201 gan Madog ap
Gruffydd, Tywysog Powys. Gwelir yr eglwys ar ffurf croes yn eglur
o'r awyr. Ar y dde ger y clwysgor mae adeilad a fu'n anheddle wedi
datgorfforiad y mynachlogydd.

GORSEDD STONES, RUTHIN

The shadows thrown in the autumn sunlight by a circle of Gorsedd
stones make a pleasing composition. These stones stand in the grounds of
Ruthin Castle, marking the venue of the 1973 National Eisteddfod.
Since the National journeys from north to south Wales in successive years,
such mini-Stonehenges now scatter the countryside.

MEINI'R ORSEDD, RHUTHUN

Mae cysgodion cerrig y cylch dan haul Hydref yn creu darlun
dymunol. Safant ar dir Castell Rhuthun ar ôl Eisteddfod Genedlaethol
1973. Gwelir nifer o'r cylchoedd hyn mewn gwahanol fannau lle
bu'r Eisteddfod.

RUTHIN

One of North Wales's most attractive small towns, Ruthin is a
charming jumble of half-timbered houses. Those in St Peter's Square, in the
centre of the picture, are particularly fine. The town makes the most
of its medieval past: in summer the market traders dress in medieval
costume and medieval banquets are held.

RHUTHUN

Mae Rhuthun, gyda'i nifer o dai 'du a gwyn' yn un o drefi bychain
mwyaf dymunol Gogledd Cymru, a rhai o'r tai hynny ar eu gorau yn
Sgwar Sant Pedr yng nghanol y dref. Dethlir gorffennol y dref wrth i
bobl y farchnad yn yr haf wisgo dilladau canoloesol, a chynhelir ciniawau
mediefal.

WREXHAM

Wrexham, the gateway to North Wales, is famous for the Church
of St Giles, on the left of the picture, whose attractive tower with its
hexagonal turrets is one of the 'seven wonders of Wales'. It is also a
place of pilgrimage for Americans, for Elihu Yale, founder of the eponymous
university, is buried here.

WRECSAM

Y mae Wrecsam, y fynedfa i Ogledd Cymru, yn enwog am ei
heglwys, ar y chwith yn y llun, sydd a'i thŵr trawiadol gyda'r tyredau
chwe-ochrog yn un o 'saith rhyfeddod Cymru'. Mae hefyd yn
gyrchfan Americanwyr, fel man claddu Elihu Yale, sefydlydd y brifysgol
sy'n dwyn ei enw. Codwyd tŵr cyffelyb yn Yale.

DENBIGH

From the air, Denbigh's historical importance is obvious: its Norman
fortified walls can still be traced in many places and its hilltop castle,
though ruined, is still imposing. The castle was built in 1282 by
Henry de Lacy on the orders of Edward I and was finally destroyed by the
new weapon of gunpowder during the Civil War.

DINBYCH

O'r awyr, mae pwysigrwydd hanesyddol Dinbych yn amlwg: gellir
olrhain y muriau Normanaidd mewn amryw fannau ac y mae adfeilion y
castell yn drawiadol ar y bryn. Fe'i codwyd yn 1282 gan Henry de
Lacy ar orchymyn Edward I, a'i ddinistrio gan arf newydd powdwr gwn yn
y Rhyfel Cartref.

PENYCLODDIAU, CLWYDIAN RANGE

The Clwydian Hills, a smooth, rolling range designated an Area of Outstanding Natural Beauty, run roughly north-south from Prestatyn on the coast for about 20 miles. No less than six of the highest summits of these hills are crowned by Iron Age hill forts. That on Penycloddiau, shown here, is the largest, at 26 hectares.

PENYCLODDIAU

Dynodwyd Bryniau Clwyd yn Ardal o Harddwch Naturiol Eithriadol. Rhedant yn gadwyn o foelydd llyfnion o'r gogledd i'r de o Brestatyn ar yr arfordir am oddeutu ugain milltir. Ar gynifer â chwech o bennau uchaf y bryniau hyn mae ceyrydd o Oes yr Haearn. Yr un ar Benycloddiau, a welir yma, yw'r fwyaf gyda 26 hectar.

FLINT CASTLE

Flint's ruined castle, the earliest of Edward I's chain of border
fortresses, stands rather forlorn today, hidden away on the Dee estuary
behind the modern part of the town. According to Shakespeare,
however, it was the setting for the final capture of the King by Bolingbroke
in Richard II.

CASTELL FFLINT

Golwg druenus braidd sydd ar adfail Castell Fflint heddiw, o'r
neilltu ar aber Dyfrdwy y tu cefn i rannau modern y dref. Dyma'r gynharaf
o amddiffynfeydd Edward I ar y goror, ac yma, yn ôl Shakespeare y
daliwyd y Brenin o'r diwedd gan Bolingbroke yn Richard II:
'in the base court . . . where kings grow base'.

ST ASAPH

From the air it is plain just how small Britain's smallest city and
cathedral are: St Asaph, in the *Vale of Clwyd*, appears no more than a
large village grouped neatly around a fine church. St Asaph survived
Edward I's attempts to build a cathedral church at Rhuddlan and supplant
its status, and has remained a city to this day.

LLANELWY

O'r awyr y mae'n eglur pa mor fychan yw dinas leiaf Prydain a'i
chadeirlan. Nid ymddengys Llanelwy, yn Nyffryn Clwyd, lawer mwy na
phentref mawr a osodwyd yn ddestlus o amgylch eglwys ragorol.
Goroesodd Llanelwy hefyd ymdrechion Edward I i ddisodli ei hawdurdod
drwy godi cadeirlan yn Rhuddlan, ac erys yn ddinas hyd heddiw.

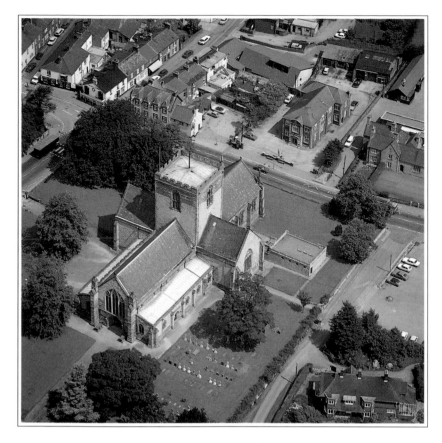

ST ASAPH CATHEDRAL

St Asaph cathedral was founded in AD 560 by St Kentigern, but the present building dates from 1268-1354 and is much restored: Glyndŵr set fire to it in 1402 and it was also vandalised during the Civil War.

EGLWYS GADEIRIOL LLANELWY

Sefydlwyd Eglwys Gadeiriol Llanelwy yn AD 560 gan Gynderyrn, ond codwyd yr adeilad presennol rhwng 1268 a 1354 ac adnewyddwyd llawer arno. Fe'i llosgwyd gan Glyndŵr yn 1402 a'i difrodi hefyd yn ystod y Rhyfel Cartref.

THE 'MARBLE' CHURCH, BODELWYDDAN

The 202-foot spire of Bodelwyddan's 'marble' church – the outside is actually magnesian limestone – is a famous local landmark which can be seen for miles around. The church, dedicated to St Margaret, was built in 1856 by Lady Willoughby de Broke as a memorial to her husband.

YR EGLWYS 'FARMOR', BODELWYDDAN

Adeiladwyd yr eglwys o'r garreg galch leol ac y mae'r meindwr sy'n 202 troedfedd o uchter yn nodwedd amlwg y gellir ei weld am filltiroedd. Cysegrwyd yr eglwys i'r Santes Margaret, a'i chodi yn 1856 gan Lady Willoughby de Broke er cof am ei phriod.

RHUDDLAN CASTLE

Rhuddlan is infamous to the Welsh as the fortress from which, in 1284, Edward I declared their country an English principality. It was also the scene of a remarkable piece of civil engineering: to ensure his castle could be supplied by sea Edward diverted and canalised the River Clwyd over a 2½ mile distance.

CASTELL RHUDDLAN

I'r Cymry mae castell Rhuddlan yn arwydd eu darostyngiad, lle cyhoeddwyd Cymru'n dywysogaeth gan Edward I yn 1284. Gwelir yma hefyd enghraifft dda o beirianneg sifil, gan i Edward gysylltu ei gastell âr môr drwy ddargyfeirio a chamlesu Afon Clwyd am bellter o ddwy filltir a hanner.

RHYL

Rhyl, on the mouth of the Afon Clwyd, is an old-style family
holiday resort complete with funfair – whose colours stand out intriguingly
when seen from above – beach and promenade. Its insurance policy
against the somewhat uncertain north-coast weather is a £9 million Sun
Centre containing, amongst other things, an 'indoor beach' with
swimming pool, surfing pool and slides and a tropical bar. Resorts like this
have lost out to foreign travel in recent years.

RHYL

Cyrchfan wyliau deuluol draddodiadol a ffair bleser sydd yn y Rhyl
ar aber Clwyd, a'r lliwiau'n amlwg o'u gweld uwchben y rhodfa a'r traeth.
I ymestyn y tymor gwyliau yn nhywydd anwadal glannau'r gogledd
codwyd Heulfan gwerth £9 miliwn gydag atyniadau fel traeth dan do a
phyllau nofio a brigdonni.

BODELWYDDAN

In the grounds of Bodelwyddan Castle, mock trenches and shell hole patterns from the First World War mark an infantry training area for troops from nearby Kinmel Camp. The grounds are now a leisure park and the Castle is an out-station of the National Portrait Gallery, with a magnificent collection of portraits and photographs.

BODELWYDDAN

Ar dir Castell Bodelwyddan mae'r olion ffosydd a'r patrymau tyllau-tanio o adeg y Rhyfel Byd Cyntaf yn nodi maes lle bu milwyr dan hyfforddiant o wersyll Cinmel gerllaw. Heddiw mae gerddi'r castell yn atyniad, a'r adeilad yn cynnwys darluniau o'r Oriel Bortreadau yn Llundain.

GWRYCH CASTLE

Inspired by the medieval masterpiece of Conwy Castle, a rich
Lancastrian industrialist, Bamford Hesketh, began the construction of
Gwrych in 1815. Finding the original architect's work too modest
for his taste, he later added a plethora of screen walls and false towers to
produce the fantasy effect seen here.

CASTELL GWRYCH

Oherwydd ei edmygedd o hynodrwydd canoloesol Conwy,
dechreuwyd adeiladu Castell Gwrych yn 1815 gan Bamford Hesketh,
diwydiannwr cyfoethog o Sir Gaerhirfryn. Yr oedd gwaith ei bensaer
yn rhy ddiymhongar ganddo, ac felly gyda chymorth Thomas Richman o
Lerpwl, pentyrrodd furiau a ffug-dyrau i greu'r ffantasi a welir yma.

BODNANT GARDEN

Outdoing even the lushness of the surrounding *Vale of Conwy* is the magnificently landscaped Bodnant Garden, the finest garden in *Wales*. Laid out by a Lancashire industrialist in 1875, it now belongs to the National Trust and is especially famous for its rhododendrons, azaleas and camellias.

CONWY

The medieval town of Conwy is a magnificent sight from above. A complete circuit of fortified walls with 22 towers enclose it, guarded by the massive fortress which dates from 1282. In deference to its splendid architecture, Telford's road bridge (now used only by pedestrians) and Stephenson's railway bridge are similarly castellated.

GERDDI BODNANT

Gwell hyd yn oed na dyffryn toreithiog Conwy o'i chwmpas yw tirwedd ogoneddus Gerddi Bodnant, y gerddi ardderchocaf yng Nghymru. Fe'u trefnwyd gan ddiwydiannwr o sir Gaerhirfryn yn 1875; y maent yn eiddo'r Ymddiriedolaeth Genedlaethol ac yn neilltuol hynod am eu llwyni rhododendron a camellia.

CONWY

Un o ogoniannau Gogledd Cymru yw tref ganoloesol Conwy. Amgylchynnir y dref gyfan gan furiau caerog gyda dau ar hugain o dyrau, ac fe'i gwarchodir an y castell nerthol sy'n dyddio o 1282. Yn deyrnged i'w adeiladwaith ysblennydd rhoddwyd gwaith castellog hefyd i bont Telford ac i bont y rheilffordd o waith Stephenson.

VALE OF CONWY

With its green pastures, woods and backdrop of snowy mountains,
the Vale of Conwy is with some justification promoted in the local tourist
trade as a 'Swiss alpine valley'. Certainly the scenery is beautiful
enough to ensure that this stretch of the river is much visited by excursions
from the holiday towns of the North Wales coast.

DYFFRYN CONWY

Gyda'i chaeau gwyrddion, ei choedydd a'i chefndir o fynyddoedd
dan eira mae'n deg i'r fasnach dwristaidd leol hyrwyddo Dyffryn Conwy fel
'dyffryn alpaidd o'r Swistir'. Yn sicr mae yma ddigon o harddwch i
beri i'r rhan hon o'r afon ddenu'r ymwelwyr o drefi glannau'r môr yn y
Gogledd.

27

GREAT ORMES HEAD

The huge limestone bulk of Great Ormes Head protects the elegant
town of Llandudno at its foot from the prevailing winds. Remains of huts
and a cromlech show that this wild spot was an ancient site of
habitation. Into the distance snakes the River Conwy, while to the right, on
the horizon, are the snow-covered mountains of Snowdonia.

PENYGOGARTH

Mae pentwr anferth calchfaen Penygogarth yn gysgod rhag y prif
wyntoedd i dref osgeiddig Llandudno wrth ei droed. Dengys olion cytiau, a
chromlech, i'r fangre anhygyrch fod unwaith yn gyfannedd. Yn y
pellter ymdroella Afon Conwy, ac i'r dde ar y gorwel gwelir mynyddoedd
Eryri dan eira.

LLANDUDNO JUNCTION

The sun breaking through low cloud throws a dramatic light on the
River Conwy at Llandudno Junction, a separate settlement from Llandudno
to the north. Until the tunnel currently being built under the Conwy
Estuary is finished, the road bridge here is the only coastal route to Conwy
and Anglesey beyond and becomes very congested in summer.

CYFFORDD LLANDUDNO

*Wrth i'r haul dorri trwy gymylau isel teflir goleuni dramatig ar
Afon Conwy yng Nghyffordd Llandudno, treflan sydd ar wahân i Landudno
tua'r gogledd iddi. Hyd nes gorffennir y gwaith presennol ar y twnel
dan yr aber, y bont yma i drafnidiaeth, gorlawn yn yr haf, yw'r unig
dramwyfa i Gonwy ac ymlaen oddi yno i Fôn.*

LLANDUDNO

Undoubtedly North Wales's finest holiday town, Llandudno has a
dignified Victorian feel to it in spite of having by far the most holiday
accommodation in the country, with room for 25,000 visitors. The
picture shows one of its two beaches, the North Shore, with its splendid pier
to the left and the headland of Little Orme at the far end.

LLANDUDNO

Fel tref wyliau orau Gogledd Cymru, mae naws Fictoriaidd urddasol
i Landudno, er bod ynddi'r nifer mwyaf o ddigon o letyau gwyliau yn y
wlad, lle i aros i 25,000. Dengys y darlun un o'r ddau draeth,
Traeth y Gogledd, gyda'r pier ardderchog ar y chwith a phentir Trwyn-y-
Fuwch yn y pen arall.

GREAT ORMES HEAD

Perched precariously on a ledge in the cliff at the northern tip of
Great Ormes Head is an old lighthouse, now used as a guest house. The
road following the curve of the cliff above is Marine Drive, a
spectacular corniche that circles the headland. The summit of the Great
Orme, meanwhile, is served by a cabin lift and tramway.

PENYGOGARTH

Ar ymyl astell yn y graig ar flaen gogleddol Penygogarth saif hen
oleudy a ddefnyddir fel gwesty. Y ffordd sy'n dilyn tro'r clogwyn uwchben
yw Ffordd y Gogarth, tramwyfa ysblennydd sy'n amgylchu'r pentir.
Eto, i gyrraedd copa'r Gogarth darperir lifft caban yn ogystal â thramffordd
enwog.

HYDRO-ELECTRIC PIPELINE, AFON DDU VALLEY

North Wales's mountainous terrain has been harnessed by man for
his own use in various imaginative ways. This pipeline, laid in 1924,
carries water from Llyn Cowlyd Reservoir down the steep gradients
of the Ddu valley to Dolgarrog, where it powers the turbines that generate
electricity for the national grid. Wales has several such pipelines.

PEIPEN DRYDAN-DŴR, AFON DDU

Defnyddiwyd tir mynyddig Gogledd Cymru gan ddyn i'w ddibenion
ei hun mewn amryfal ffyrdd. Mae'r beipen hon, a osodwyd yn 1924, yn
cludo dŵr o gronfa Llyn Cowlyd i lawr y llethrau serth gyda'r Afon
Ddu i Ddolgarrog, i weithio'r tyrbinau sy'n cynhyrchu trydan i'r grid
cenedlaethol. Mae nifer o linellau peipiau cyffelyb yng Nghymru.

LLYN CWMDULYN

The little corrie lake of Cwmdulyn lies in the most westerly part of
the Snowdonia National Park, about seven miles from the coast. Like so
much of the Snowdonia landscape it is a glacial feature, left after the
ice scooped a hollow in the hillside and trapped water with its moraine.

LLYN EIGIAU

The eastern and south-eastern slopes of the Carneddau hold a
number of lakes and Llyn Eigiau, 120 acres in area, is one of the largest of
them. This is excellent, if demanding, walking country, with
footpaths linking one lake to another over these fine hills, whose tallest
peaks are Wales's second highest after Snowdon.

LLYN CWMDULYN

Gorwedd llyn bychan Cwmdulyn mewn peiran yn rhan fwyaf
gorllewinol Parc Cenedlaethol Eryri, tua saith milltir o'r arfordir. Fel
cymaint o dirwedd Eryri, cynnyrch rhewlifiant ydyw, wedi ei adael
ar ôl i'r rhew gafnu ochr y mynydd ac i'r marian gadw'r dŵr yn gaeth.

LLYN EIGIAU

Ar lethrau dwyrain a de-ddwyrain y Carneddau mae nifer o
lynnoedd ac un o'r rhai mwyaf yw Llyn Eigiau a'i arwynebedd yn gant ac
ugain o erwau. Tir rhagorol, ond nid rhy esmwyth, sydd yma i
gerddwyr, gyda llwybrau rhwng y naill lyn a'r llall dros y mynyddoedd
godidog, a'u pegynnau uchaf yn ail i ben yr Wyddfa.

NANT FFRANCON

Nant Ffrancon, south of Bethesda, is one of Snowdonia's wildest and most spectacular glaciated valleys. In spite of the terrain, Telford's splendid road running through it manages never to exceed a gradient of 1 in 22. The lakes, Llyn Ogwen, Llyn Bochlwyd and Llyn Idwal, are backed by the cloud-topped peaks of Tryfan, Glyder Fach and Glyder Fawr.

NANT FFRANCON

Un o'r garwaf a'r mwyaf trawiadol o ddyffrynnoedd rhewlifiant Eryri yw Nant Ffrancon. Er gwaethaf y tir serth a chreigiog, nid yw ffordd ragorol Telford, byth ar fwy o oleddf nag 1 mewn 22. Mae'r llynnoedd, Llyn Ogwen, Llyn Bochlwyd, a Llyn Idwal wedi eu hamgylchynu gan begynnau Tryfan, y Gluder Fach a'r Gluder Fawr.

PENRHYN QUARRIES, BETHESDA

In the nineteenth century slate was as important to north Wales as
coal was to the south: it was quarried and mined in huge quantities for
roofing material for the new industrial towns. Lord Penrhyn was one
of the first great quarrying entrepreneurs and the 1,000-foot high Penrhyn
Quarries are one of the few still operating on a large scale.

CHWAREL Y PENRHYN, BETHESDA

Yn y bedwaredd ganrif ar bymtheg yr oedd llechi cyn bwysiced i
Ogledd Cymru ag yr oedd glo yn y De. Cynhyrchid symiau enfawr o lechi
ar gyfer toi yn y trefi diwydiannol newydd. Arglwydd Penrhyn oedd
un o'r anturwyr cyntaf i gychwyn chwareli cyfundrefnol, a Chwarel y
Penrhyn yw un o'r ychydig sy'n parhau i weithio ar raddfa eang.

35

PENRHYN CASTLE

With its wealth of the genuine article, it is not surprising that Wales
is home to the best example of Norman revival architecture in Britain,
Penrhyn Castle. This massive folly, built between 1820 and 1837 by
Lord Penrhyn on the profits from his slate quarries at Bethesda, must have
seemed in bad taste to his wretchedly housed workers.

CASTELL PENRHYN

Gyda'i chyfoeth o gestyll gwirioneddol, nid yw'n syndod fod
Cymru'n cynnwys yr enghraifft orau o adfywiad pensaerniaeth
Normanaidd ym Mhrydain, Castell Penrhyn. Adeiladwyd y
rhyfeddod enfawr rhwng 1820 ac 1837. Byddai'n ymddangos yn wrthuni
i'r chwarelwyr, a drigai dan amodau truenus.

BEAUMARIS CASTLE

From above it is easy to see why Beaumaris is acclaimed as the most
perfect example of the concentrically planned castle in Britain. Begun in
1295 to counter the rebellion of Madog ap Llywelyn, it was one of
the largest of Edward I's castles and the last to be built. Its name refers to
its site: 'beau marais' or 'beautiful marsh'.

CASTELL BIWMARES

Oddi uchod mae'n hawdd gweld pam y cyfrifir Biwmares yr
enghraifft berffeithiaf o gastell cynghreiddig ym Mhrydain. Dechreuwyd ei
adeiladu yn 1295 rhag gwrthryfel Madog ap Llywelyn, un o'r
mwyaf o gestyll Edward I a'r olaf i'w adeiladu. Cyfeiria'r enw at y safle:
'beau marais' neu'r 'morfa hyfryd'.

BANGOR

Bangor is a quiet, attractive place, dominated by the buildings of the
university and by its cathedral. Bangor College was established in 1883 and
with *Aberystwyth* and Cardiff was incorporated as the University of
Wales in 1893. The cathedral (in the centre right of the picture) is twelfth
century but was restored in 1866 by Sir Gilbert Scott.

BANGOR

Lle tawel a dymunol sydd ym Mangor, a'r prif adeiladau yw Coleg
y Brifysgol a'r gadeirlan sydd mor hynafol, ond a adnewyddwyd yn helaeth.
Sefydlwyd coleg ym Mangor yn 1883 a'i ymgorffori ym Mhrifysgol
Cymru yn 1893. Perthyn y gadeirlan (ar ganol dde'r darlun) i'r
ddeuddegfed ganrif.

MENAI BRIDGE AND BRITANNIA BRIDGE

A thousand feet long and a hundred feet above high water, Telford's graceful suspension bridge, completed in 1826, carries the road from London to Holyhead across the Menai Strait. Beyond is the Britannia Bridge, built by Robert Stephenson in 1850 to take the railway. Rebuilt after a fire in 1970, it now carries both road and rail.

PONT Y BORTH A PONT BRITANNIA

Mae pont Telford, a gwblhawyd yn 1826, yn fil o droedfeddi ei hyd ac yn gan troedfedd uwchben y llanw, ac yn cludo'r ffordd i Gaergybi dros Afon Menai. Tudraw mae Pont Brittania, a godwyd gan Robert Stephenson, i gynnal y rheilffordd. O'i hatgyweirio wedi'r tân yn 1970, mae'r ffordd fawr a'r rheilffordd yn mynd drosti heddiw.

BLACKPOINT LIGHTHOUSE, PENMON

The lighthouse off Penmon, on Anglesey's eastern tip, is a reminder of the dangers of Gwynedd's waters. There are said to be more than a thousand charted wrecks at the bottom of Liverpool Bay, including such diverse craft as the first yacht to be seen in Britain, belonging to Charles II, and the world's first steam-driven submarine.

GOLEUDY TRWYN DU, PENMON

Mae'r goleudy ger Penmon, ar drwyn dwyreiniol Môn, yn arwydd o beryglon y dyfroedd o amgylch glannau Gwynedd. Dywedir bod rhagor na mil o longau a ddrylliwyd ar waelod Bae Lerpwl, gan gynnwys esiamplau mor amrywiol â'r iot gyntaf ym Mhrydain, a oedd yn eiddo Siarl II, a'r llong danddwr gyntaf yn y byd gyda gyriant ager.

PUFFIN ISLAND

Green and inviting, Puffin Island lies off Anglesey's eastern tip. In
the Middle Ages, the puffins who breed here provided the livelihood for a
small monastic community who pickled, salted and sold the
unfortunate birds, then considered a great delicacy. The island is said to be
the burial place of the sixth-century king of Gwynedd, Maelgwn.

YNYS SEIRIOL

Gorwedd Ynys Seiriol yn wyrdd a deniadol ger pegwn dwyreiniol
Môn. Yn yr Oesoedd Canol yr oedd y pâl yma yn ddeunydd bywoliaeth i'r
gymuned fechan o fynaich a fyddai'n piclo ac yn halltu'r adar a'u
gwerthu fel danteithfwyd. honnir mai ar yr ynys y claddwyd Maelgwn,
brenin Gwynedd yn y chweched ganrif.

WYLFA NUCLEAR POWER STATION

Wylfa Nuclear Power Station, on Anglesey's northern coast, is the largest Magnox power station in the world, producing enough power to supply two cities the size of Liverpool. It was sited here because of the exceptionally solid ground foundations and ample cooling water available – it uses an amazing 53 million gallons per hour.

GORSAF B{w}ER NIWCLEAR YR WYLFA

Gorsaf B{w}er Niwclear yr Wylfa, ar lannau gogleddol Môn, yw'r orsaf Magnox fwyaf yn y byd, gan gynhyrchu digon o bwer i gyflenwi dwy ddinas o faint Lerpwl. Dechreuodd weithredu yn 1971 ac fe'i lleolwyd yma oherwydd caledwch eithriadol y tir sylfaen a'r digonedd o ddŵr oeri sydd ar gael. Defnyddir hyd at 53 miliwn galwyn yr awr.

AMLWCH

The little port of Amlwch, on the north coast of Anglesey, was built
at the end of the eighteenth century to export copper from the mines on
nearby Parys Mountain. At one time it handled as much as 80,000
tons of the ore a year, and the mines even had their own currency: Amlwch
Pennies are still sometimes found.

AMLWCH

Sefydlwyd porthladd bychan Amlwch yng ngogledd Môn tua diwedd
y ddeunawfed ganrif i allforio copr o fwynfeydd cyfagos Mynydd Parys. Ar
un adeg bu'n trafod cymaint â 80,000 tunnell o fwyn copr bob
blwyddyn, ac yr oedd gan y gwaith copr ei arian ei hun. Daw ceiniogau
Amlwch eto i'r golwg ambell dro.

HOLYHEAD

Holyhead makes no great claims to beauty – it grew up around the docks in a rather haphazard fashion. It has a fine parish church, though: St Cybi (on the green square beside the railway in the centre left of the picture), founded by the sixth-century saint within the walls of an earlier Roman fort. The present building dates from the fifteenth century.

CAERGYBI

Nid oes harddwch neilltuol i Gaergybi, gan i'r dref dyfu braidd yn blith-draphlith o gwmpas y dociau. Mae yno eglwys blwyf ragorol, Eglwys Cybi (ar y llecyn glas ger y rheilffordd tua chanol chwith y llun) a sefydlwyd gan y sant yn y chweched ganrif. Rhwng y bymthegfed a'r ail ganrif ar bymtheg y codwyd yr adeilad presennol.

FERRY, HOLYHEAD

Holyhead has long been a crossing point to Ireland and after the
opening of the bridges over the Menai Strait in the first half of the
nineteenth century it became the accepted port on the route from
London to Dublin. Car ferries were introduced in the mid-sixties and today
Sealink and B&I ply the Dun Laoghaire and Dublin routes respectively.

LLONG FFERI, CAERGYBI

Mae hanes hir i Gaergybi fel man croesi i Iwerddon ac wedi codi'r
ddwy bont dros Afon Menai yn hanner cyntaf y ganrif ddiwethaf daeth yn
borthladd pwysig ar y daith o Lundain i Ddulyn. Dechreuwyd cludo
ceir ar y fferi yn y chwedegau a heddiw hwylia llongau Sealink a B & I i
Dun Laoghaire a Dulyn yn eu tro.

45

SOUTH STACK LIGHTHOUSE, HOLY ISLAND

The 'Land's End' of North Wales, South Stack lighthouse, off Holy
Island, is a romantic spot. The cliffs behind it teem with sea birds – puffins,
razorbills, guillemots, gulls and occasionally the rare auk; they are
also a rock-climber's paradise, offering some of the most difficult climbing
in Wales. The lighthouse, built in 1808, is automatic.

GOLEUDY YNYS LAWD, YNYS CYBI

Lle rhamantus sydd yn Ynys Lawd, ar begwn eithaf Gogledd Cymru,
ar lannau gogledd-orllewin Ynys Cybi. Mae'r creigiau tu cefn iddi'n heidio
gan adar y môr – y pâl, gwalch y penwaig, y gwylog, gwylanod, a'r
carfyl bach prin ambell dro. Mae'n hoff gyrchfan i ddringwyr hefyd, lle ceir
peth o'r dringo caletaf yng Nghymru.

TREARDDUR BAY

Its perfect horseshoe shape, fine stretch of sand and clear blue water
make Trearddur Bay an attractive picture from above. This is a popular
holiday spot, making the most of its sheltered position on the
narrowest part of Holy Island. The bay, with its rocky outcrops, provides
skin-diving as well as bathing and other watersports.

BAE TREARDDUR

Darlun deniadol o'r awyr yw Bae Trearddur gyda'i ffurf pedol
perffaith, ei dywod gwych a'i ddyfroedd glas clir. Mae'n fan gwyliau
poblogaidd, yn enwedig oherwydd ei safle cysgodol ar ran gulaf Ynys
Cybi. Mae'r bae a'i greigiau'n hwylus ar gyfer nofio tanddwr yn ogystal ag
ymdrochi ac ati,

CAERNARFON

Caernarfon is seen at its best from above – the palatial castle with
its unusual banded polygonal towers is visible in its entirety and the
remains of the medieval city walls behind it are clearly defined. The
castle, where the first English Prince of Wales, Edward II, was born, was
used for the Investiture of the present Prince of Wales in 1969.

CAERNARFON

Oddi uchod y gwelir Caernarfon ar ei gorau. Gwelir holl gastell
palasaidd Edward I a'i dyrau bandog amlochrog hynod, ac eglur, hefyd yw
gweddillion y muriau canoloesol sy'n amgylchynu'r hen dref.
Defnyddiwyd y castell, lle ganed tywysog Seisnig cyntaf Cymru, Edward II,
ar gyfer arwisgiad y Tywysog presennol yn 1969.

SEGONTIUM ROMAN FORT

Tucked into a corner on the south-eastern outskirts of Caernarfon
and partly submerged under later buildings and roads is the Roman fort of
Segontium, founded about AD 78. First revealed by accident during
building work in the mid-nineteenth century, it was excavated in the
1920s.

CAER SAINT

*Ar odreon tref Caernarfon ac yn rhannol wedi ei gorchuddio gan
adeiladau a ffyrdd diweddarach mae Caer Saint, a sefydlwyd tua AD 78.
Yn ddamweiniol y daeth i'r golwg gyntaf yn ystod gwaith adeiladu
yng nghanol y ganrif ddiwethaf, a'i chloddio yn y dauddegau. Aed â llawer
o gerrig y muriau i godi tref a chastell Caernarfon.*

DINORWIC QUARRY

The terraces of the slate quarry are hugely impressive, climbing to
dizzying heights up the steep mountainside. The Dinorwic quarries were
developed by the Assheton-Smiths of Vaynol and in their heyday in
the second half of the nineteenth century employed over three thousand
quarrymen.

CHWAREL DINORWIG

Mae rhyw ryfeddod erchyll yn yr olwg ar wyneb a thomennydd y
chwarel, wrth ymestyn i uchelderau'r llethrau serth. Datblygwyd chwarel
Dinorwig gan deulu Assheton-Smith o'r Faenol, ac ar ei phrysuraf
yn ail hanner y bedwaredd ganrif ar bymtheg cyflogid mwy na thair mil o
ddynion.

DINORWIC POWER STATION

The mountainous old slate workings at Dinorwic, near Llanberis, now house the largest pumped storage electrical generation scheme in Europe. Water is released from the lake of Marchlyn Mawr, just visible behind the snowy summit of Elidir Fawr in the centre left of the picture, and flows through turbines to Llyn Peris.

GORSAF DRYDAN DINORWIG

Ymysg hen domennydd llechi enfawr chwarel Dinorwig, ger Llanberis, saif y cynllun mwyaf yn Ewrop i gynhyrchu trydan drwy ail-gronni. Gollyngir dŵr o Lyn Marchlyn Mawr, ac y mae'n llifo trwy dyrbinau Lyn Peris islaw. Ar adegau defnyddir y grym sydd wrth gefn i bwmpio'r dŵr i fyny i'w ailddefnyddio.

LLYN CWELLYN

Lakes, woods and mountains – this is a typically beautiful
Snowdonia scene. In the foreground is Llyn Cwellyn, whose waters come
from the western slopes of Snowdon itself and from its north-
westerly neighbours. Edging the lake is the northern part of Beddgelert
Forest, and beyond are Llyn y Dywarchen and Llyn y Gadair.

LLYN CWELLYN

Llynnoedd, coedydd a mynyddoedd, golygfa nodweddiadol o
harddwch Eryri, Yn y blaendir mae Llyn Cwellyn, y daw ei ddyfroedd oddi
ar lethrau gorllewinol yr Wyddfa ei hun a'i chymdogion. Gydag
ymyl y llyn mae rhan ogleddol Coedwig Beddgelert Comisiwn y
Coedwigoedd, gyda Llyn y Dywarchen a Llyn y Gadair tuhwnt.

TRYFAN

Tryfan has been described as the strangest mountain in Wales, and as the only mountain in Britain that cannot be climbed without using the hands. Near the A5 road by Llyn Ogwen, its popularity with climbers is marked by innumerable scratches on its buttresses from the nails of climbing boots.

TRYFAN

Disgrifiwyd Tryfan fel y mynydd rhyfeddaf yng Nghymru, a'r unig fynydd ym Mhrydain na ellir ei ddringo heb ddefnyddio'r dwylo. Saif ger ffordd yr A5 yn agos i Lyn Ogwen, ac y mae'n hynod boblogaidd gyda dringwyr, fel y dengys y sgriffiadau ar ei glogwyni a wnaed gan hoelion eu hesgidiau.

SNOWDON RANGE, WINTER

In Wild Wales, George Borrow described the view from the
summit of Snowdon as 'inexpressibly grand', and so it is from above, too,
with the Glyder range and then the Carneddau rearing up in
successive ridges to the left. In the foreground is Snowdon's highest peak, Yr
Wyddfa, which at 3,560 feet is the highest mountain in England
and Wales.

ERYRI YN Y GAEAF

Yn ei lyfr Wild Wales mae George Borrow yn disgrifio'r olygfa o
ben yr Wyddfa fel 'inexpressibly grand', ac felly hefyd y mae oddi
uchod, gyda chadwyn y Gluderau ac yna'r Carneddau yn ymgodi'n
gyfres o esgeiriau i'r chwith. Yn y blaendir mae copa uchaf Eryri, yr
Wyddfa, sy'n cyrraedd 3560 o droedfeddi, y mynydd uchaf yng
Nghymru a Lloegr.

SNOWDON RANGE, SUMMER

Since the nineteenth century Snowdon in summer has been a
magnet for walkers – it is said that half-a-million people walk here every
year. Some run up, some go up at night, and all are wearing out the
paths to such an extent that repair work has had to be undertaken.

ERYRI YN YR HAF

Ers y bedwaredd ganrif a'r bymtheg bu'r Wyddfa yn yr haf yn dynfa
i gerddedwyr. Dywedir bod hanner miliwn yn dringo yma bob blwyddyn.
Bydd rhai yn rhedeg, eraill yn dringo yn y nos, a'r cyfan yn treulio'r
llwybrau i'r fath raddau fel bod yn rhaid wrth waith atgyweirio.

MOUNTAIN RAILWAY, SUMMIT OF SNOWDON

For those daunted by the prospect of a stiff climb, the Snowdon
Mountain Railway will transport you at the sedate speed of 5 mph from
Llanberis to within 66 feet of the summit. Opened in 1896, it is
Britain's only 'rack' railway, and is built with Swiss know-how using Swiss
locomotives. It provides a spectacular ride.

RHEILFFORDD YR WYDDFA

I'r rhai a ddigalonnir gan y syniad o ddringo caled, mae tren bach
yr Wyddfa ar gael i'ch cludo ar gyflymder parchus o bum milltir yr awr
hyd at drigain troedfedd o'r copa. Fe'i hagorwyd yn 1896, yr unig
rac-reilffordd yng Nghymru, ar gynllun a chyda peiriannau o'r Swistir.
Mae'n daith ryfeddol.

GRANITE QUARRY, TREFOR

Quarries, both for slate and for other materials, have made a huge
impact on the North Wales landscape. Here, the black scars left by the
terraces of a granite quarry at Trefor, south west of Caernarfon, are
in stark contrast with the green hillsides surrounding it. Large-scale
quarrying at Trefor ceased in the early seventies.

GWAITH ITHFAEN, TREFOR

Cafodd y chwareli, wrth drin defnyddiau eraill yn ogystal â llechi,
effaith aruthrol ar dirwedd Gogledd Cymru. Yma yn Nhrefor mae'r
creithiau tywyll a dorrwyd gan bonciau'r gwaith ithfaen yn
gwrthgyferbynnu'n amlwg gyda'r llechweddau gleision o'u hamgylch.
Darfu'r prif waith yn y saithdegau cynnar.

LLŶN PENINSULA

From the western edge of Snowdonia, the Llŷn Peninsula points
westward into the Irish Sea. Its entire coastline is a designated Area of
Outstanding Natural Beauty, and inland it is pretty too, with
whitewashed farms and hummocky hills. Its uncanny resemblance in shape
to Cornwall has earned it the nickname 'the Land's End of Wales'.

GWLAD LLŶN

I'r gorllewin o derfyn is-fynyddoedd Eryri mae mynegfys penrhyn
Llŷn yn pwyntio tua'r gorllewin i Fôr Iwerddon. Mae ei arfordir cyfan wedi
ei ddynodi'n Ardal o Harddwch Naturiol Eithriadol, ac i mewn yn y
tir gwelir yr un harddwch. Cyffelybwyd ei ffurf i wlad Cernyw, a theimlodd
llawer fod pendraw Llŷn yn 'bendraw'r byd'.

ABERSOCH

On a fine summer's day the smart little resort of Abersoch, in the
south of the Llŷn Peninsula, is very crowded, but it manages to retain its
charm. Its two sheltered bays have made it a successful sailing
centre, and the place is rather more English than Welsh, much frequented
by visitors from Cheshire and the Midlands.

ABERSOCH

Ar ddiwrnod teg o haf bydd cyrchfan fechan a thaclus Abersoch yn
orlawn, yn ei safle ar ochr ddeheuol penrhyn Llŷn, ond rywfodd fe gadwodd
ei chymeriad. Gyda'i dau borth cysgodol daeth yn ganolfan hwylio
ffyniannus, un Seisnig yn hytrach na Chymreig, a thra phoblogaidd gan
bobl broffesiynol o Sir Gaer a chanolbarth Lloegr.

CRICIETH CASTLE

The heart-shaped walls of Cricieth Castle, topped by its imposing gatehouse, make an attractive pattern from above. Cricieth began life as the fortress of the Welsh king Llywelyn the Great, but was enlarged by Edward I. It was comprehensively sacked by Owain Glyndwr in 1404 and never rebuilt.

CASTELL CRICIETH

Oddi uchod gellir olrhain muriau castell Cricieth ar ffurf calon yng nghysgod tyrau uchel y porth, ac y mae'n batrwm atyniadol. Ar y dechrau yr oedd yn gaer gan Lywelyn Fawr, ond fe'i helaethwyd gan Edward I. Fe'i difrodwyd yn drwyadl gan Owain Glyndŵr yn 1404 ac nis atgyweiriwyd.

TRAETH MAWR, NEAR PORTHMADOG

The present appearance of the lovely Glaslyn estuary, known as Traeth Mawr, owes much to the work of the energetic William Madocks, who in 1811 built the mile-long embankment seen beyond the sand bank and thus reclaimed over 3,000 acres of marsh and sand. He also established the new towns of Tremadog and Porthmadog here, the latter as a slate-exporting and shipbuilding port.

Y TRAETH MAWR, GER PORTHMADOG

Mae harddwch presennol yr olwg ar aber Afon Glaslyn, neu'r Traeth Mawr, yn dra dyledus i waith y gŵr egniol William Madocks, a fu'n gyfrifol yn 1811 am y filltir o forglawdd (tu cefn i'r dwynen dywod) gan adfer tair mil o erwau o forfa a thywod. Sefydlodd hefyd ei dref newydd yn Nhremadog, a chychwyn Porthmadog fel porthladd i adeiladu llongau ac allforio llechi.

TRAETH BACH AND YNYS GIFFTAN

The blue and beige tones of sand and sea make a striking
composition here. The island in the foreground is Ynys Gifftan and
surrounded by woods almost opposite is Sir Clough Williams-Ellis's
Italianate fantasy village, Portmeirion. The village fulfils the architect's
stated ambition to 'develop a very beautiful site without defiling it'.

TRAETH BACH AC YNYS GIFFTAN

Mae arlliwiau glas a melynaidd y tywod a'r môr yn creu darlun
nodedig yn harddwch y Traeth Bach. Ynys Gifftan sydd ym mlaen y darlun, ac
ymysg y coedydd bron gyferbyn saif pentref ffantasïol Eidalig Syr Clough
Williams-Ellis, Portmeirion. Mae'r pentref yn ateb rhagorol i ddatganiad y
pensaer am ei uchelgais, sef 'datblygu llecyn hardd heb amharu arno'.

TRAETH BACH

The estuary of the Afon Dwyryd, Traeth Bach, is truly spectacular
when seen as a whole with the sunlight catching its complex network of
channels. To the right of it is the Afon Glaslyn with Madocks'
embankment, the Cob and, beyond, the town of Porthmadog. In the
distance is the Llŷn Peninsula.

TRAETH BACH

Golygfa wir drawiadol yw aber Afon Dwyryd, neu'r Traeth Bach,
o'i gweld yn gyflawn gyda phelydrau'r haul ar rwydwaith cymhleth
ei sianelau. I'r dde mae Afon Glaslyn a morglawdd Madog,
y Cob, a thref Porthmadog. Yn y pellter gwelir
pentir Llŷn.

SHEEP SALE, NEAR PENMACHNO

The mountains of Snowdonia are sheep-farming country par
excellence and livestock markets are held every weekday in one town or
another throughout North Wales. These days, though, many
farmers supplement their income by taking in tourists in the summer
months. Penmachno is something of a sheep-farming centre with a
thriving woollen mill which weaves tweed, rugs and scarves.

ARWERTHIANT DEFAID, GER PENMACHNO

Tir defaid yn anad dim sydd ar lethrau Mynyddoedd Eryri a
chynhelir arwerthiannau bron bob dydd o'r wythnos yn rhywle neu'i gilydd
drwy Ogledd Cymru. Erbyn hyn daeth twristiaeth ag incwm
ychwanegol i lawer o ffermwyr yn ystod misoedd yr haf. Pery ffatri wlân
brysur Penmachno i wehyddu brethyn, rygiau a sgarffiau.

THE *VALE OF* FFESTINIOG AND LLYN TRAWSFYNYDD

The gloriously green alpine scenery of the *Vale* of Ffestiniog, in the
foreground of this picture, is justly famous and it is not surprising that the
narrow-gauge railway that carries tourists along it is one of the most
popular of Wales's 'great little trains'. In a side valley to the south of the
Vale is the lake of Trawsfynydd with its nuclear power station on
the near shore.

DYFFRYN MAENTWROG A LLYN TRAWSFYNYDD

Mae golygfeydd alpaidd gwyrddion gwych Dyffryn Maentwrog ym
mlaendir y darlun hwn yn naturiol enwog ac nid yw'n rhyfeddod fod y 'lein
bach' sy'n cludo twristiaid drwyddo yn un o'r mwyaf poblogaidd o
'drenau bychain Cymru'. Ar y rhosdir tua'r de o'r dyffryn hwn mae Llyn
Trawsfynydd gyda'r orsaf bŵer niwclear ar y lan agosaf atom.

BLAENAU FFESTINIOG

The waste tips of the slate mines are an inescapable part of the
scenery of Blaenau Ffestiniog: the effect from above is of a barren, lunar
landscape. Some slate is still produced but the mines have now set
their sights on tourism: the Llechwedd Slate Caverns and the Gloddfa Ganol
Slate Mine both attract large numbers of visitors.

BLAENAU FFESTINIOG

Mae tomennydd y llechi yn rhan annatod o olygfeydd Blaenau
Ffestiniog, a'r effaith o'u gweld oddi uchod fel wyneb anial y lleuad. Parheir
i gynhyrchu rhywfaint o lechi ond heddiw maer'r cloddfeydd yn
canolbwyntio ar dwristiaeth, ac y mae cloddfeydd y Llechwedd a'r Gloddfa
Ganol yn atyniad i luoedd o ymwelwyr.

PORTMEIRION

Sir Clough Williams-Ellis was surely a man after Wales's current
Prince's heart. Asserting that 'architectural good manners can also mean
good business', he began building the lovely Italianate village of
Portmeirion in 1925. The result is a charming visual joke, the village
centring round the Campanile and the Dome.

PORTMEIRION

Dyn oedd Syr Clough Williams-Ellis a fyddai wrth fodd y Tywysog
presennol. Gan fynnu y gallai moesgaredd mewn pensaerniaeth olygu
llwyddiant mewn busnes, dechreuodd adeiladu pentref Portmeirion
yn 1925. Y canlyniad yw golygfa ffraeth a chellweirus, casgliad o adeiladau
y cludwyd llawer ohonynt yma a'u harbed rhag eu distrywio.

HARLECH CASTLE

Massive, grey and forbidding on its high crag, Harlech Castle exudes
an unmistakable sense of power even today. Its inner walls and towers
stand almost to full height, admirably displaying the skill of Edward
I's architect, Master James of St George. For five years, Owain Glyndwr
held his court here, having taken the castle in 1404.

CASTELL HARLECH

Yn llwyd a chadarn ar ei glogwyn uchel, hyd yn oed heddiw mae
castell Harlech yn cyfleu teimlad o nerth ac awdurdod. Erys ei furiau
mewnol a'i dyrau bron i'w llawn uchder, gan arddangos medr
pensaer Edward I. Prif hynodrwydd y castell yw iddo fod am bum mlynedd
yn llys i Owain Glyndŵr, a'i meddiannodd yn 1404.

BARMOUTH

The fjord-like Mawddach is perhaps the loveliest of all Gwynedd's
fine estuaries, and there is no better viewing platform than the 800-yard-
long railway bridge that crosses its mouth. Since the nineteenth
century the railway has brought holidaymakers to the resort of Barmouth
on the north shore to enjoy the excellent sands and safe bathing.

ABERMO

Efallai mai Mawddach a'r wedd ffiordaidd sydd arni yw'r harddaf o
holl aberoedd gwychion Gwynedd, a'r man gorau i edrych arni yw'r bont
reilffordd 800 llath o hyd sy'n croesi'r aber. Ers y bedwaredd ganrif
ar bymtheg daeth y rheilffordd ag ymwelwyr i Abermo ar ei glan gogleddol
i fwynhau'r traethau a'r ymdrochi diogel.

ABERDYFI

Aberdyfi's serpentine river front seems to echo the curves of the channel taken by the Dovey as it reaches Cardigan Bay beyond. According to legend, this beautiful estuary covers a drowned kingdom, Cantre'r Gwaelod, whose bells can still be heard chiming from underwater. Aberdyfi is a successful holiday and sailing resort, and is also home to the Outward Bound School of Wales.

ABERDYFI

At the mouth of the Dyfi, sand and water play intricate games, while in the distance, on the south side of the estuary, the green woods and hills of Ceredigon beckon. The Dyfi's calm appearance is deceptive, for there are dangerous currents here.

ABERDYFI

Mae wyneb troellog Aberdyfi ar lan yr afon fel petai'n efelychu troadau sianel Afon Dyfi wrth iddi ymgyrraedd at Fae Ceredigion. Yn ôl hen draddodiad, dyma'r aber y mae ei dyfroedd yn gorchuddio Cantre'r Gwaelod, y clywir ei glychau enwog yn canu dan y dŵr. Cyrchfan lwyddiannus i hwylio a threulio gwyliau yw Aberdyfi, ac yma hefyd y mae ysgol Outward Bound.

ABERDYFI

Wrth enau'r aber mae'r dŵr a'r tywod yn creu patrymau dyrys iawn, ac yn y pellter, ar du deheuol yr aber, mae coedydd gwyrddion a bryniau Ceredigion yn gwahodd. Ond twyllodrus yw'r olwg dawel sydd ar Afon Dyfi, gan fod iddi hithau geryntau peryglus yma.

CADAIR IDRIS

Though, at 2,927 feet, it is much lower than Snowdon, Cadair Idris
attracts almost as many walkers with its distinctive great corrie basins
etched on both sides of a crest. One of the corries is said to be the
chair ('cadair') of the giant Idris. According to legend anyone who spends a
night here will become a poet or a madman.

CADAIR IDRIS

Er bod Cadair Idris gryn dipyn is na'r Wyddfa, a'i chopa'n cyrraedd
2,927 o droedfeddi, mae'n denu bron gynifer o gerddedwyr oherwydd
cafnau'r cymoedd mawrion o boptu'r grib. Yn un o'r cafnau, y mae
cadair y cawr Idris, ac yn ôl y traddodiad bydd y sawl a dreulio'r nos yn y
gadair hon yn wallgof, neu yn farw, neu yn fardd erbyn y bore.

PISTYLL RHAEADR

The hill country of the Berwyns is remote and peaceful: roads peter
out at the heads of valleys and for miles the only buildings to be seen are
scattered farms. This particular valley, on the Powys-Clwyd border,
is more visited than most, however, for into the wooded gorge plunges
Pistyll Rhaeadr, which at 240 feet is Wales's highest waterfall.

PISTYLL RHAEADR

Mewn gwlad dawel ac anghysbell y mae bryniau'r Berwyn, lle
derfydd ffyrdd ym mlaenau dyffrynnoedd ac na welir dim am filltiroedd ond
ambell amaethdy unig. Eto daw mwy i'r dyffryn hwn ar derfyn
Powys a Chlwyd i weld Pistyll Rhaeadr, sy'n 240 troedfedd a'r uchaf yng
Nghymru.

WELSHPOOL

The border town of Welshpool has a turbulent history, having been
the capital of the old Welsh kingdom of Powys. Its broad main street with
its mixture of half-timbered houses, Georgian buildings and chapels
is attractive and the town has a prosperous feel to it. On Mondays it bustles
with farmers attending the largest sheep market in Europe.

Y TRALLWNG

Hanes cythryblus sydd i dref y Trallwng ar y goror, a fu'n brif dref
tywysogaeth Powys. Dymunol yw ei phrif heol lydan gyda'i chymysgedd o
dai du-a-gwyn, adeiladau Sioraidd a chapeli, ac y mae naws
llwyddiant yn y lle. Ar fore Llun mae'n brysur gan ffermwyr yn dyfod i'r
farchnad ddefaid fwyaf yn Ewrop.

POWIS CASTLE

Powis Castle, built of striking red limestone, was originally founded
by the Princes of Powys. In 1587 it passed to the Herbert family, who
bequeathed it to the National Trust in 1952. The magnificent
Italianate formal gardens, arranged on four terraces, were created in the
late seventeenth century.

CASTELL POWYS

Gwelir mawredd a chynllun cymhleth Castell Powys yn amlwg iawn
yn yr olwg hon arno o'r awyr. Adeiladwyd y castell o galchfaen coch
trawiadol, ar y sefydliad gwreiddiol gan dywysogion Powys, nes
dyfod yn 1587 yn eiddo teulu Herbert, a'i trosglwyddodd i'r
Ymddiriedolaeth Genedlaethol yn 1952.

71

MONTGOMERY

Montgomery, with its thirteenth-century castle, is tiny and
delightful. Its fine church dates to the fifteenth century and the houses
round the cobbled square are a charming mixture of half-timbered
Elizabethan and Georgian red brick. Offa's Dyke, coinciding appropriately
here with the English border, runs just to the east of the town.

TREFALDWYN

Bychan a hyfryd yw Trefaldwyn wrth swatio dan y grib uchel lle saif
y castell o'r drydedd ganrif ar ddeg. Y bymthegfed ganrif yw dyddiad yr
eglwys ragorol, a chymysg o waith coed cyfnod Elisabeth a brics
cochion Sioraidd yw'r tai o amgylch palmentydd y sgwâr. I'r dwyrain o'r
dref mae Clawdd Offa'n cyd-redeg yn gymwys gyda'r goror.

NEWTOWN

Newtown, spread out on both banks of the River Severn, is actually rather old, dating to at least 1321. It expanded rapidly about 1800 with the growth of the flannel industry and the building of the Montgomery Canal. Now a major employer is Laura Ashley, which has warehousing and distribution here.

Y DRENEWYDD

Tref hynafol mewn gwirionedd yw'r Drenewydd ar lannau Hafren. Pan roddwyd siartr i Roger Montgomery yn 1279 i gynnal marchnad ynddi, enw'r dref oedd Llanfair Cedewain, ond erbyn 1321 fe'i hadwaenid eisoes fel y Drenewydd. Tyfodd yn gyflym tua 1800 gyda llwyddiant y diwydiant gwlanen a chloddio camlas Trefaldwyn.

CASTELLTINBOD

An impressive mound on a green hillside and a piece of wall are all
that remains of Castelltinbod, north of Llanbister in the former county of
Radnor. Built probably by Roger Mortimer in the thirteenth century,
little is known of its history, but there was certainly an earlier Welsh fort
here.

CASTELLTINBOD

Twmpath ar gopa'r bryn 1332 o droedfeddi, a darn o fur yw unig
weddillion Castelltinbod, yng nghwmwd Maelienydd yn hen sir Maesyfed.
Ymddengys mai un o gestyll y Mortmeriaid oedd er nad oes nemor
ddim o'i hanes ar gael, ond yn ôl traddodiad, sefydliad Cymreig oedd yn y
dechrau.

LLANIDLOES

From above, it seems as if a giant hand has marked Llanidloes with
a neat cross to show that this is almost exactly the geographical centre of
Wales. In the middle of the cross stands a notable hazard to traffic:
a late sixteenth century half-timbered market hall, the only one of its kind
surviving in Wales and now used as a museum.

LLANIDLOES

Oddi uchod ymddengys fel petai llaw anferth wedi nodi Llanidloes
gyda chroes ddestlus i ddangos ei bod yn ddaearyddol bron yn union yng
nghanol Cymru. Ar ganol y groes saif y perygl amlwg i drafnidiaeth,
neuadd farchnad o goed a cherrig o ran olaf yr unfed ganrif ar bymtheg, yr
unig un o'i bath ar ôl yng Nghymru, lle cedwir amgueddfa heddiw.

RHAYADER

Disappointingly, the waterfall on the Wye from which the
crossroads town of Rhayader took its name largely disappeared as long ago
as 1780 when the bridge across the river was built. The town is a
centre for tourists fishing, pony trekking and walking among the Elan
Valley lakes, just to the west; these are a reservoir system built in
the early 1900s to supply water to Birmingham.

RHAEADR GWY

Cafodd y dref ar ei chroesffordd ei henw oddi wrth y rhaeadr ar
Afon Gwy, a gollwyd cyn belled yn ôl â 1780 pan godwyd y bont. Mae'r
dref yn ganolfan dwristaidd i bysgota, merlota a cherdded ymysg
llynnoedd Cwm Elan i'r gorllewin, lle gwnaed y cronfeydd ar ddechrau'r
ganrif hon i gyflenwi dŵr i Birmingham.

WYE VALLEY, NORTH OF RHAYADER

From its birthplace on the slopes of Plynlimon, about twelve miles
north of here, the Wye twists and turns round the foothills of the Cambrian
mountains on its way to Rhayader. The river's long and wayward
course from its source to the sea at the Bristol Channel earned it the name
Vaga ('wanderer') from the Romans.

DYFFRYN GWY, I'R GOGLEDD O'R RHAEADR

O'i tharddiad ar lechweddau Pumlumon, tua deuddeng milltir i'r
gogledd oddiyma, mae Afon Gwy yn ymdroelli rhwng bryniau'r
mynyddoedd Cambriaidd ar ei ffordd i'r Rhaeadr. Oherwydd ei
chwrs hir a chwmpasog o'i tharddle hyd at Fôr Hafren, ei henw gan y
Rhufeiniaid oedd vaga, y crwydryn.

COUNTY HALL, LLANDRINDOD WELLS

In the early twentieth century Llandrindod Wells was Wales's
smartest spa town. Now it has a new role as an administrative centre: the
modern building shown here (the Victorian one in front has just
been demolished) is County Hall, headquarters of Powys County Council
which administers a quarter of Wales.

NEUADD Y SIR, LLANDRINDOD

Ar ddechrau'r ugeinfed ganrif edrychid ar Landrindod a'i ffynhonnau
fel canolfan dylanwadau politicaidd i rai cymdeithasol a gwleidyddol eu
huchelgais. Heddiw daeth swyddogaeth newydd i'r dref fel canolfan
weinyddol; yr adeilad newydd a welir yma yw Neuadd y Sir, pencadlys
Cyngor Sir Powys sy'n gofalu am chwarter cyfan o Gymru.

CASTELL COLLEN

An aerial view makes the best sense of the remains of the Roman
camp of Castell Collen, half a mile north of Llandrindod Wells. This
garrison probably accommodated about 1,000 men, and was one of
a network of forts by which the Romans held the Welsh tribes at bay under
the overall command of Caerleon, in the south, and Chester, in the north.

CASTELL COLLEN

Golwg o'r awyr sy'n egluro gweddillion gwersyll Rhufeinig Castell
Collen, hanner milltir i'r gogledd o Landrindod. mae'n debyg fod lle i tua
mil o ddynion yn y gwersyll, un o'r rhwydwaith o geyrydd Rhufeinig
er darostwng y llwythau Cymreig dan reolaeth gyffredinol Caerllion yn y de
a Chaer (neu Gaerllion Fawr) yn y gogledd.

HAY-ON-WYE

Hay-on Wye is a sleepy farming town on the very edge of Wales:
the border, in the form of a brook, skirts its eastern side. The flamboyant
Richard Booth, who set up shop here in the early 1960s, turned the
town into a mecca for book buyers with his 'largest second-hand bookshop
in the world'; other booksellers followed, making books Hay's major
tourist attraction.

Y GELLI

Tref amaethyddol dawel yw'r Gelli, ar ffin Cymru a Lloegr, a'r
goror ei hun ar ffurf afonig ar ei hochr ddwyreiniol. Pan ddaeth y lliwgar
Richard Booth i gychwyn busnes yma yn y chwedegau cynnar troes
y dref yn gyrchfan prynwyr llyfrau gyda'i 'siop lyfrau ail-law fwyaf yn y
byd'. Daeth eraill yno ar ei ôl, fel mai llyfrau ydyw prif atyniad Y
Gelli i dwristiaid.

BUILTH WELLS

The old spa town of Builth Wells now attracts visitors not to drink
its waters but to attend the annual Royal Welsh Show, whose permanent
showground can be seen on the far bank of the River Wye. The
mound in the centre of the picture is the site of Builth Castle, from where in
1282 an English knight killed Llywelyn, the last native prince of
Wales.

LLANFAIR-YM-MUALLT

Nid i yfed y dyfroedd y daw ymwelwyr mwyach i hen dref
ffynhonnau Llanfair ym Muallt ond i'r Sioe. Frenhinol Gymreig, y gwelir ei
maes arhosol yr ochr draw i Afon Gwy. Ar y domen yng nghanol y
llun mae safle Castell Buallt, yr aeth marchog o Sais ohono i ladd Llywelyn
ein Llyw Olaf yn 1282.

LLANGYNIDR

Small emerald fields climb high up the slopes of the hills at
Llangynidr, a village in the Usk valley south-east of Brecon. This is classic
Brecon Beacons scenery: about half the National Park is farmland,
used mainly for grazing cattle and sheep but also for breeding the pretty
Welsh ponies with their 'dished' faces.

LLANGYNIDR

Dringa'r caeau bychain gwyrddion i fyny'r bryniau yn Llangynidr,
pentref yn nyffryn Wysg i'r de-ddwyrain o Aberhonddu. Dyma dirwedd
nodweddiadol y Bannau; mae oddeutu hanner y Parc Cenedlaethol
yn dir amaethyddol, porfa gwartheg a defaid yn bennaf ond magwrfa hefyd
i'r merlod tlysion Cymreig.

TALYBONT RESERVOIR

Amongst the 519 square miles of the Brecon Beacons National Park
are no less than 18 reservoirs: the narrow mountain valleys are easily
dammed to provide water for the coalfield towns to the south.
Another familiar part of the Brecon Beacons' scenery is the extensive
Forestry Commission woodland, stretching high up the hillsides.

CRONFA DDŴR TAL-Y-BONT

Mae cynifer â deunaw cronfa ym 519 milltir sgwâr Parc
Cenedlaethol Bannau Brycheiniog. Hawdd codi argae yng nghymoedd
culion y mynyddoedd i ddarpar dŵr i brif drefi glofaol y de.
Nodwedd arall gynefin i dirwedd y Bannau heddiw yw ehangder coedydd y
Comisiwn Coedwigaeth.

BRECON

In a glorious setting on the banks of the Usk and with the Brecon
Beacons rearing up behind, the little town of Brecon is rich in history: there
is a Roman fort nearby, a Norman castle and a Norman abbey
church, given the status of cathedral in 1923. The town is also
internationally known for its annual jazz festival in August.

ABERHONDDU

Yn ei safle ardderchog ar lannau *Afon Wysg* gyda'r Bannau yn
ymgodi y tu cefn iddi, mae hanes cyfoethog i dref fechan Aberhonddu.
Gerllaw mae caer Rufeinig, castell Normanaidd ac eglwys
fynachaidd a ddyrchafwyd yn Gadeirlan yn 1923. Mae i'r dref enw
rhyngwladol oherwydd ei gŵyl jazz flynyddol ym mis Awst.

RIVER USK NEAR CRICKHOWELL

An added attraction in the eastern part of the Brecon Breacons National Park is the glorious section of the River Usk between Brecon and Abergavenny. Beside it, unobtrusively, runs the Monmouthshire and Brecon Canal. This is excellent farming country with arable fields on the valley floor and rich dairy pasture climbing the hillsides.

AFON WYSG GER CRUCYWEL

Atyniad ychwanegol yn rhan ddwyreiniol Parc Cenedlaethol Bannau Brycheiniog yw'r rhan ryfeddol o Afon Wysg rhwng Aberhonddu a'r Fenni. Wrth ei hochr rhed Camlas Mynwy a Brycheiniog. Tir amaeth rhagorol sydd yma gyda chaeau âr ar lawr y dyffryn a phorfa fras i wartheg godro ar lethrau'r bryniau.

PEN Y FAN, BRECON BEACONS

The sheer south face of Pen y Fan with its dusting of snow is a
reminder of the dangers of these beautiful mountains. Inviting in good
weather, they can prove traps for the unwary as the clouds suddenly
close in and the temperature drops; not for nothing are the Beacons the
main training-ground of the SAS.

CORN DU AND PEN Y FAN, BRECON BEACONS

In the heart of the Brecon Beacons National Park, and dominating
the skyline for miles around are the unmistakable twin summits of Corn
Du (in the foreground) and Pen y Fan. At 2906ft (886m), the latter
is the highest peak in the great escarpment of Old Red Sandstone stretching
across South Wales of which the Brecon Beacons are the central part.

PEN Y FAN, BANNAU BRYCHEINIOG

Mae wyneb serth Pen y Fan dan luwch ysgafn o eira yn atwydd o
beryglon y mynyddoedd prydferth hyn. Maent yn gwahodd ar dywydd teg,
ond gallant ddal y diofal pan ddaw cymylau ac oerni'n ddirybudd. Y
Bannau yw prif diriogaeth hyfforddi'r SAS'

CORN DU A PHEN Y FAN, BANNAU BRYCHEINIOG

Yng nghanol Parc Cenedlaethol Bannau Brycheiniog ac yn teyrnasu
ar y gorwel am filltiroedd mae dau gopa unigryw Corn Du (yn y blaendir)
a Phen y Fan, y pegwn uchaf 2906tr. (886m) yn sgarpdir mawr yr
Hen Dywodfaen Goch sy'n ymestyn ar draws y Deheudir, a'r Bannau yn ei
ganol.

MELLTE GORGE, NEAR YSTRADFELLTE

The limestone which underlies the South Wales coalfield outcrops at its northern edge, forming spectacular wooded ravines through which the Mellte and its sister streams tumble in a remarkable series of waterfalls. The most famous fall on the Hepste, seen joining the Mellte in the foreground, is the Scwd yr Eira (Fall of Snow).

CEUNANT MELLTE, GER YSTRADFELLTE

Mae'r calchfaen sy'n gorwedd dan faes glo'r De yn brigo i'r wyneb ar ei ymyl ogleddol, i greu nentydd coediog a rhaeadrau hynod *Afon Mellte* a'i chymdeithion. Ym Mhorth yr Ogof yn y pellter diflanna Mellte i ogof dwy fil o droedfeddi, a'r rhaeadr enwocaf ar Hepste sydd yma yn ymuno ag afon Mellte yw Sgwd yr Eira.

CARREG CENNEN CASTLE

Darkly brooding on its 300-foot limestone crag, Carreg Cennen is a
splendidly romantic ruin. The present castle dates from the thirteenth and
fourteenth centuries but Roman coins have been found here and it
has also been suggested that this was the stronghold of Urien, Lord of
Is-Cennen, a knight of the Round Table.

CASTELL CARREG CENNEN

'Yn llwyd a hen' ar ei dri chan troedfedd o glogwyn calchfaen saif
adfail rhamantus Carreg Cennen. Perthyn y castell presennol i'r drydedd a'r
bedwaredd ganrif ar ddeg, ond darganfuwyd arian Rhufeinig yma ac
awgrymir mai dyma bencadlys Urien, arglwydd Is-cennen ac un o
farchogion y Ford Gron.

LLANDEILO

Downstream from Llandovery is the farming centre of Llandeilo, the chief market town for the mid Tywi valley. The place takes its name from the llan or church founded by St Teilo which stands in an attractive misshapen square near the town centre. According to locals the saint is buried here, but two other Welsh churches also stake a claim to his remains.

LLANDOVERY

In Wild Wales, George Borrow described Llandovery as 'a small beautiful town situated amidst fertile meadows' and so it is today. It grew to prominence as a centre of the droving trade: the drovers' Bank of the Black Ox here issued its own notes and the cattle market, next to the castle ruins in the foreground, is still an important one.

LLANDEILO

I lawr yr afon o Lanymddyfri y mae Llandeilo, canolfan amaethyddol a phrif dref farchnad Dyffryn Tywi. Ar y sgwâr dymunol ger canol y dref saif yr eglwys a sefydlwyd gan Teilo Sant, y dywedir gan y trefwyr mai yma y claddwyd ef, er bod dau blwyf arall yn ei hawlio hefyd.

LLANYMDDYFRI

Yn Wild Wales disgrifiodd George Borrow hi fel tref fechan hardd ymysg dolydd ffrwythlon, ac felly y mae heddiw. Daeth i bwysigrwydd fel tref y porthmyn, lle'r argreffid eu harian eu hunain gan Fanc yr Eidion Du. Ger gweddillion y castell, pery'r arwerthfa wartheg yn bwysig o hyd.

YSTAFELL TWM SION CATI

The upper Tywi valley, just south of the vast new reservoir of Llyn Brianne, is the suitably wild and remote site of the hideout of the 'Welsh Robin Hood', Twm Sion Cati. Twm was alive in late Elizabethan times and had a great reputation as a practical joker. His cave is concealed under the craggy hummock skirted by the river.

YSTAFELL TWM SION CATI

Ym mlaenau Tywi, islaw cronfa ddŵr eang Llyn Brianne, mae'r tir gwyllt ac anhygyrch lle bu lloches yr herwr Cymreig Twm Sion Cati. Perthynai i ddiwedd teyrnasiad Elisabeth ac yr oedd yn enwog am ei gampau direidus. Mae ei ogof o'r golwg dan y twmpath creigiog ar lan yr afon.

AFON TYWI

The great Afon Tywi rises high in the Cambrian Mountains and journeys down a green and fertile valley between these hills and the Old Red Sandstone escarpment of the Carmarthenshire Fans before reaching the sea at Carmarthen Bay. The combination of mountains and farmland makes the Tywi valley one of the loveliest in Wales.

AFON TYWI

Yn uchel yn y mynyddoedd Cambriaidd y tardd Afon Tywi, gan lifo drwy ddyffryn gwyrdd a ffrwythlon rhwng y bryniau hyn a rhagfur hen dywodfaen goch Bannau Caerfyrddin nes cyrraedd y môr ym Mae Caerfyrddin. Rhwng y caeau a'r bryniau mae Dyffryn Tywi'n un o ddyffrynoedd harddaf Cymru.

LLYN BRIANNE

Four major reservoir systems have been created in mid Wales this
century and Llyn Brianne, opened in 1973, is the newest of them. The lake,
at the head waters of the Tywi, is huge, with tentacles of water
reaching out into the mountains in all directions. The dam is the highest of
its kind in Britain, with a 300-foot clay core.

LLYN BRIANNE

Lluniwyd pedair cronfa fawr yng nghanolbarth Cymru yn y ganrif
hon, a'r newyddaf yw Llyn Brianne, a agorwyd yn 1973. Mae'r llyn ym
mlaenau afon Tywi yn enfawr, gyda bysedd o ddŵr yn ymestyn i'r
mynyddoedd ym mhob cyfeiriad. Yr argae, gyda chraidd 300 troedfedd o
glai, yw'r uchaf o'i fath ym Mhrydain.

ABERYSTWYTH

Aberystwyth has coped admirably with its triple role as university, holiday town and commercial centre for mid-Wales. The modern campus buildings of the University College of Wales and the National Library of Wales can be seen on the hill above the town to the right; in the foreground to the left are the castle remains.

ABERYSTWYTH

Bu Aberystwyth yn atebol iawn i'w thair swydd, fel tref coleg prifysgol, tref wyliau, a chanolfan masnach y canolbarth Cymru. Ar Benglais uwchlaw'r dref tua'r dde gwelir adeiladau modern Coleg y Brifysgol a Llyfrgell Genedlaethol Cymru. Ar y blaendir i'r chwith mae'r hyn sy'n weddill o'r castell.

UNIVERSITY COLLEGE OF WALES, ABERYSTWYTH

Undoubtedly Aberystwyth's most bizarre building is the
extraordinary Gothic hotch-potch which was the original home of the
University College of Wales. Occupying the triangular site of Castle
House, a villa built by Nash in 1795, the present building was the work of
railway magnate Thomas Savin and his architect J. P. Seddon.

COLEG PRIFYSGOL CYMRU, ABERYSTWYTH

Mae'n siwr mai'r adeilad rhyfeddaf yn Aberystwyth yw'r gymysgedd
Gothig lle bu cartref cyntaf y Brifysgol. Ar safle dair-onglog tŷ a adeiladwyd
gan Nash yn 1795 codwyd yr adeilad presennol gan y dyn
rheilffyrdd Thomas Savin a'i bensaer
J. P. Seddon.

ABERAERON

Aberaeron's neat Georgian layout round its attractive harbour was
the successful realisation of one man's dream: the town was planned and
built from scratch in the early nineteenth century by the Reverend
Alban Jones-Gwynne. One of the charming brightly painted houses is the
home of the singer Sir Geraint Evans.

ABERAERON

Cynnyrch llwyddiannus breuddwyd un dyn yw trefniant Sioraidd
destlus Aberaeron o gylch ei harbwr deniadol. Cynlluniwyd ac adeiladwyd y
dref yn gynnar yn y bedwaredd ganrif ar bymtheg gan y Parch.
Alban Jones Gwynne. Eiddo Syr Geraint Evans yw un o'r tai lliwgar hyn
heddiw.

NEW QUAY

Built on terraced slopes above a crescent-shaped headland jutting out
into Cardigan Bay, New Quay is an attractive place, and is probably the
'cliff-perched town at the far end of Wales' on which Dylan Thomas
based Llareggub in Under Milk Wood. Now a fishing port and holiday
resort, it was once a flourishing shipbuilding town.

CEINEWYDD

Lle dymunol yw Ceinewydd ar risiau'r llethrau uwch cilgant o
bentir sy'n ymestyn i Fae Aberteifi. Dyma efallai'r cliff-perched town
at the far end of Wales y seiliodd Dylan Thomas ei Lareggub
arni yn Under Milk Wood. Bu adeiladu llongau yma, ond tref wyliau a
phorthladd pysgotwyr ydyw heddiw.

NEWCASTLE EMLYN

On an extravagant meander of the *Afon Teifi* ten miles east of
Cardigan stands the market town of Newcastle Emlyn, a centre for the sale
of livestock and farm produce from the surrounding area. All that
remains of the thirteenth-century 'new' castle from which the town takes its
name is the mound and ruined arch on the bend in the river.

CASTELLNEWYDD EMLYN

Ar dro mawr yn *Afon Teifi* ddeng milltir i'r dwyrain o *Aberteifi* saif
tref farchnad Castellnewydd Emlyn, canolfan i werthiant da byw a
chynnyrch amaethyddol y fro. Y cyfan sy'n weddill o'r castell
'newydd' a roes ei enw i'r dref yw tomen ac adfail bwa ar ystum yr afon.

CARDIGAN

Cardigan Castle, whose shored-up remains can be seen just over the
fine arched bridge, was the setting for what was reputedly Wales's first
Eisteddfod, organised by Rhys, Prince of South Wales, in 1176. Later
Cardigan became a busy seaport until the Teifi silted up and the ships'
access was lost.

ABERTEIFI

Dros fwâu hardd y bont gwelir adfeilion Castell Aberteifi, y man y
cynhaliwyd yr Eisteddfod gyntaf, dan nawdd yr Arglwydd Rhys, Tywysog
Deheubarth, yn 1176. Yn ddiweddarach daeth Aberteifi'n borthladd
prysur nes i'r tywod dagu'r afon a'i chau rhag llongau.

ST DOGMAEL'S ABBEY

The vicar of the little church of St Thomas at St Dogmael's, near
Cardigan, has a potent reminder of a more religious age in his back garden:
the ruins of St Dogmael's Abbey which spread out imposingly
between the vicarage and the church. The abbey was founded in the twelfth
century by Robert FitzMartin on the site of an earlier Celtic monastery.

ABATY LLANDUDOCH

Mae gan ficer eglwys fechan Sant Thomas yn Llandudoch ger
Aberteifi drysor diddorol yn ei ardd i'n hatgoffa am oes fwy crefyddgar, sef
adfeilion gwasgaredig Abaty Sant Dogmael. Sefydlwyd yr abaty gan
Robert Fitzmartin yn y ddeuddegfed ganrif ar safle mynachlog Geltaidd
gynharach.

FISHGUARD

Fishguard is really not one but three separate towns, each with its
own identity. In the distance is Fishguard Harbour with its Irish ferry
terminal and huge breakwater; in the foreground to the left is the
old town of Fishguard and to the right, at the mouth of the River Gwaun, is
the quaint Lower Town with its little harbour and pleasure boats.

ABERGWAUN

Nid un ond tair tref, pop un â'r chymeriad chymeriad ei hun, yw
Abergwaun mewn gwirionedd. Draw gwelir yr harbwr gyda glanfa llongau
i'r Iwerddon a'r morglawdd enfawr. Yn y blaen tua'r chwith mae
hen dref Abergwayn, ac i'r dde y dref isaf gyda'i harbwr bychan a'i gychod
pleser ar enau Afon Gwaun.

HAVERFORDWEST

The county town of Pembrokeshire before the latter was swallowed
up by the vast new county of Dyfed, Haverfordwest has elegant Georgian
houses, a fine parish church, St Mary's (at the top right of the
picture) and brooding Norman castle remains. Its name comes from the
Norse: invading Vikings called the place 'Hafa's Ford'.

HWLFFORDD

Prif dref Sir Benfro cyn iddi fynd yn rhan o sir newydd enfawr
Dyfed, mae gan Hwlffordd ei thai Sioraidd gosgeiddig, eglwys blwyf
ardderchog y Santes Fair, (yng nghornel dde uchaf y llun) ac
adfeilion trymaidd yr hen gastell Normanaidd. Daw ei henw o'r
Llychlynneg, sef Hava's Ford y goresgynwyr o wledydd y gogledd.

97

ST DAVID'S

The small houses and chapels lining the streets of St David's contrast
strangely with its magnificent cathedral and Bishop's Palace, almost hidden
in a hollow below. The cathedral, which houses David's tomb, was
begun in c.1180 on the site of the saint's simple sixth-century monastery.
The Bishop's Palace was built by Bishop Gower in 1340.

TYDDEWI

Mae gwrthgyferbyniad amlwg rhwng tai a chapeli strydoedd
Tyddewi ac ysblander yr eglwys gadeiriol a phalas yr esgob yn y pant
coediog islaw. Tuag 1180 y dechreuwyd ar yr eglwys lle mae bedd
Dewi, ar safle'r fynachlog seml o'r chweched ganrif. Adeiladwyd plas yr
esgob gan yr Esgob Gower yn 1340.

ST DAVID'S HEAD

St David's Head is one of Pembrokeshire's remotest and most
beautiful places. It was notorious as a danger to shipping even in Roman
times: a map of AD 140 marks it as the 'Octopitarium
promontorium' or Cape of the Eight Dangers. The peak of Carn Llidi rises
above the headland; beyond is Ramsey Island.

PENMAEN DEWI

Penmaen Dewi yw un o'r mannau harddaf a mwyaf anghysbell yn
Nyfed. Hyd yn oed yn nyddiau'r Rhufeiniaid yr oedd yn enwog am ei
beryglon i longau, ac ar fap 140 AD ymddengys fel 'Octopitarium
promontorium' neu 'Benrhyn yr Wyth Perygl'.

DALE

Reputedly Wales's sunniest spot, Dale, overlooking the western end
of Milford Haven, has a perfect bay for sailing, sheltered by the headland of
Dale Point. It was at Mill Bay, near here, in August 1485 that
Henry Tudor, coming from exile in France, landed with 2,000 men before
his march to Bosworth and successful battle for the English crown.

DALE

Y man mwyaf heulog yng Nghymru, meddir, yn wynebu dros ben
gorllewinol Aberdaugleddau, gyda bae perffaith i gychod hwylio yng
nghysgod penrhyn Dale. Ym Mhorth y Felin gerllaw yn Awst 1485
y glaniodd Harri Tudur a'i ddwyfil o ddynion cyn ymdeithio i Bosworth ac
ennill coron Lloegr.

SOUTH BISHOP, BISHOPS AND CLERKS, ST DAVID'S

Their names and appearance on a calm day belie the true nature of
the Bishops and Clerks, a chain of rocky islets off St David's. George Owen,
the Elizabethan writer on Pembrokeshire, said they 'preached deadly
doctrines to . . . such poor seafaring men as are forced thither by tempest'.

RAMSEY ISLAND

Ruggedly beautiful islands are perhaps the greatest glory of
Pembrokeshire's lovely coastline. Here, the sun glistens from the seaward
side on the inlets of Ramsey Island, off St David's. From late August
to October the island teems with life, especially seal pups as it is the
greatest breeding ground for the Atlantic grey seal in Wales.

YNYS Y GOLEUDY, YR ESGOBION A'R CLERIGWYR, PENMAEN DEWI

Efallai fod eu henwau, a'r wedd sydd arnynt ar ddiwrnod tawel yn
cuddio gwir natur y gadwyn hon o greigiau ynysig gyferbyn â Phenmaen
Dewi. Yn ôl George Owen yr awdur yn oes Elizabeth 'Pregethent
ddysgeidiaeth farwol i forwyr anffodus a orfodid yno gan dymhestloedd'.

YNYS DEWI

Efallai mai prif ogoniant glannau hyfryd Penfro yw harddwch
creigiog yr ynysoedd. Yma mae'r haul o du'r môr yn disgleirio ar
gilfachau'r ynys ger Penmaen Dewi. O ddiwedd Awst hyd Hydref
mae'r ynys yn heigio o greaduriaid fel cenawon morloi, gan mai dyma'r
brif fagwrfa yng Nghymru i forlo llwyd Iwerydd.

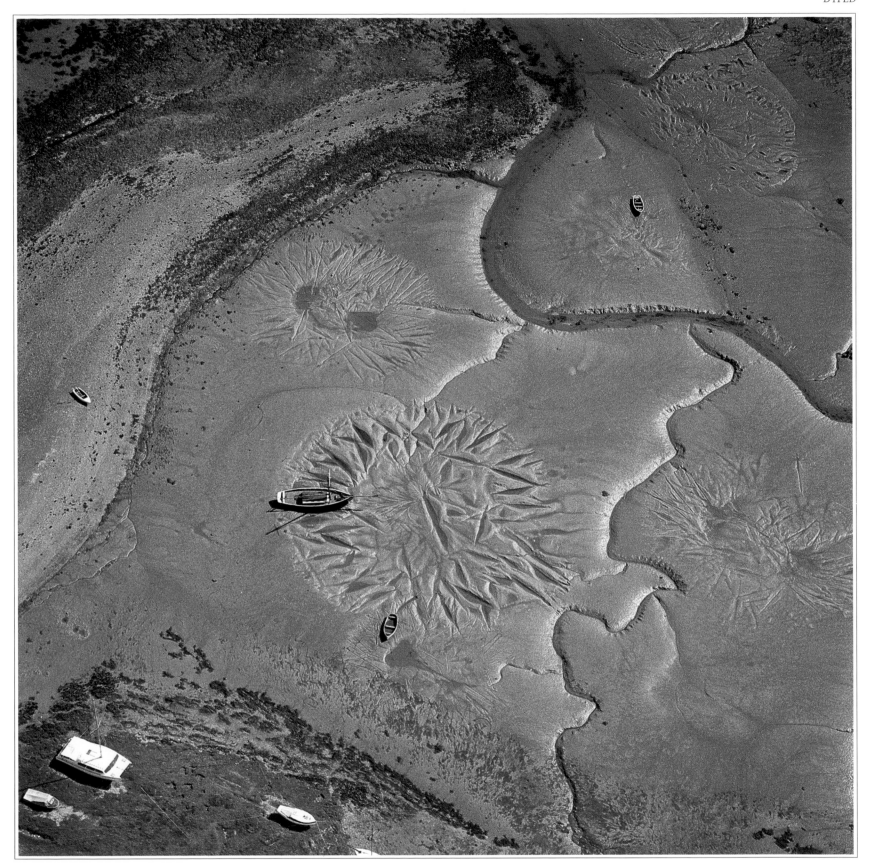

ANGLE

Aerial photographs sometimes reveal patterns of unexpected beauty, compositions of light, shade and colour that are not obvious from the ground. Here, the action of the tide on the mudflats at Angle, on the south side of Milford Haven, has produced a fascinating crinkled and grooved effect, made all the stranger by the small boats dotted about.

ANGLE

Weithiau mewn ffotograffau o'r awyr datguddir patrymau o harddwch annisgwyl, cyfuniadau goleuni, eiliw a lliw nas gwelir oddi ar lawr. Yma mae effaith y llanw ar wastadeddau lleidiog Angle ar lan ddeheuol Aberdaugleddau wedi creu crychni a chwysi sy'n hynotach oherwydd y mân gychod yma ac acw.

MILFORD DOCKS, MILFORD HAVEN

The town of Milford Haven was first developed in the early
nineteenth century by Charles Greville. Today, however, its once flourishing
fishing industry has declined and the coasters which unload their
cargoes of animal feed and fertiliser at the town's small docks are dwarfed
by the giant oil tankers berthed elsewhere in the Haven.

DOCIAU MILFFWRD, ABERDAUGLEDDAU

*Datblygwyd tref Milffwrd gan Charles Greville yn gynnar yn y
ganrif ddiwethaf. Erbyn hyn dirywiodd y diwydiant pysgota a fu'n flodeuog
gynt, a digon disylw yw'r llongau sy'n dadlwytho gwrtaith a bwyd
anifeiliaid yn nociau bychain y dref yn ymyl y tanceri olew enfawr wrth
angor yn yr Aber.*

TEXACO OIL REFINERY AND JETTIES, MILFORD HAVEN

Milford Haven, ten miles long, several miles wide and with a
minimum low-water depth of eight fathoms, is the deepest natural
waterway in Europe and it is this that has attracted the oil
companies whose refineries now line its shores. Here, the huge jetties of the
Texaco oil refinery jut out from the south side of the Haven.

PURFA OLEW A GLANFEYDD TEXACO, ABERDAUGLEDDAU

Mae'r Aber yn ddeng milltir ei hyd, yn filltiroedd ar draws a chyda
dyfnder wyth gwrhyd ar y distyll. Hon yw'r hwylfa naturiol ddyfnaf yn
Ewrop, ac felly y denwyd iddi'r cwmniau olew y gwelir rhengoedd
eu purfeydd ar ei glannau. Dyma lanfeydd enfawr Texaco i'r dwyrain o Fae
Angle yn ymwthio o lannau deheuol yr Aber.

PEMBROKE

The ancient borough of Pembroke, built beside one of Milford
Haven's many tidal creeks, straggles attractively away down its single main
street from its magnificent castle. Built mostly between 1190 and
1245 the castle was the centre of the Normans' 'little England in Wales'
and the birthplace, in 1457, of Henry Tudor.

PENFRO

Ger un o fynych gilfachau Aberdaugleddau ymdreigla hen
fwrdeisdref Penfro o'r castell mawreddog ar hyd ei hunig brif heol. Y castell
a godwyd rhwng 1190 a 1245 oedd canolbwynt 'Lloegr fechan' y
Normaniaid yng Nghymru, ac nis meddiannwyd erioed gan y Cymry. Yma
y ganed Harri Tudur yn 1457.

MANORBIER

'Maenor Pirr is the pleasantest spot in Wales' wrote the twelfth-
century chronicler Giraldus Cambrensis, with some bias, for he was born in
the castle here. Part of the Pembrokeshire Coast National Park, it is
still an attractive spot, with a charming tall-towered church as well as the
excellently preserved castle remains.

MAENORBŶR

'Maenorbŷr yw'r fangre fwyaf dymunol yng Nghymru' meddai
Gerallt Gymro yn y ddeuddegfed ganrif, yn naturiol dueddgar, gan mai
yma yn y castell y ganed ef. Y mae'n rhan o Barc Cenedlaethol
Arfordir Penfro a phery'n ddymunol gyda'r eglwys hardd a'i thŵr uchel yn
ogystal â'r castell a gedwir mor rhagorol.

TENBY

Clinging to a serpentine rocky peninsula jutting out into
Carmarthen Bay is the ancient walled town of Tenby. The picturesque
harbour was once guarded by the castle on the hill to the left; the
plentiful sands that surround the headland made Tenby a fashionable
bathing resort in Regency and Victorian times.

SAUNDERSFOOT

Saundersfoot, on the sands of Carmarthen Bay, grew up as a port
exporting coal from the South Pembrokeshire coalfield. Now the harbour is
given over to yachting and sea-fishing boats and the town has
thrown itself, perhaps rather too enthusiastically, into the holiday industry,
sprouting a plethora of hamburger bars, one-armed bandit machines
and gift shops.

DINBYCH Y PYSGOD

Adeiladwyd tref (gaerog gynt) hynafol Dinbych y Pysgod ar benrhyn
creigiog sy'n ymestyn i Fae Caerfyrddin. Ar y bryn i'r chwith bu castell ar
un adeg yn amddiffyn yr harbwr prydferth. Yn y ganrif ddiwethaf
daeth yn ymdrochle ffasiynol oherwydd y traethau tywod sy'n amgylchu'r
penrhyn.

SAUNDERSFOOT

Yn Saundersfoot, ar dywod Bae Caerfyrddin, tyfodd porthladd i
allforio glo o'r glofeydd yn Ne Penfro. Cychod pleser a physgota sydd yn yr
harbwr heddiw, ac ymroes y dref yn rhy frwdfrydig efallai i'r
diwydiant gwyliau gyda'i thoreth o fariau hamburger, lladron unfraich a
siopau petheuach.

CALDEY ISLAND AND ST MARGARET'S

Caldey Island has been a haven for monastic settlers since the early Christian centuries. Its present inhabitants are a community of Belgian Cistercian monks who supplement their income by selling the scent they make here. The little island of St Margaret's, in the foreground, is joined to Caldey Island at low tide.

YNYS BŶR AC YNYS FARGED

Bu Ynys Bŷr ('Ynys Oer' o'r Llychlyneg yw ystyr 'Caldey') yn noddfa i fynaich ers y canrifoedd Cristnogol cynnar. Ei thrigolion yn awr yw cymuned o fynaich Sistersaidd o Wlad Belg sy'n cyfrannau at eu henillion drwy werthu'r persawr a wneir yma. Ar y distyll cysylltir ynys fechan y Santes Marged ac Ynys Bŷr.

LAUGHARNE

Laugharne is a pretty little place on the Taf Estuary most famous
nowadays for its Dylan Thomas connections. The poet's home for the latter
part of his life, the Boathouse, is just visible at the top of the picture;
from the Shed nearby he looked out at his beloved 'heron priested shore'
and wrote some of his best work, including Under Milk Wood.

TALACHARN

Lle tlws sydd yn Nhalacharn ar lan afon Taf, sy'n adnabyddus
oherwydd ei gysylltiad â Dylan Thomas. Yn ei flynyddoedd olaf trigai yn y
Boathouse y gwelir cip arno yn y llun. O'r sied gerllaw gallai
weld ei hoff heron priested shore ac yno y sgrifennodd beth o'i waith
gorau fel Under Milk Wood.

KIDWELLY CASTLE

Kidwelly Castle is particularly distinctive from above, with its
massive semi-circular curtain wall and daunting gatehouse. It was founded
by the Normans but much strengthened in the thirteenth and
fourteenth centuries. The three arches in the top of the gatehouse are
'murder holes' from which missiles and boiling oil could be hurled.

CASTELL CYDWELI

Mae castell mawr Cydweli yn neilltuol o drawiadol oddi uchod,
gyda'i fur allanol ar hanner cylch a'i borth bygythiol. Adeilad Normanaidd
ydyw a atgyfnerthwyd yn y drydedd a'r bedwaredd ganrif ar ddeg,
Dan y tri bwa ym mhen y porth mae'r 'tyllau trais' ar gyfer hyrddio olew
berwedig drwyddynt.

WHITEFORD LIGHTHOUSE

Pools of water and wave-carved patterns in the sand at low tide form
a serenely beautiful backdrop for Whiteford's attractive lighthouse, off the
northern tip of the Gower Peninsula. Looking at it, it is hard to
imagine that this coast was a danger to shipping, but one dreadful night in
January 1868, no less than 16 ships were lost just south of here.

GOLEUDY CHWITFFORDD

Ar y distyll mae pyllau dŵr a'r patrymau a gerfiwyd gan y tonnau
ar y tywod yn gefndir tangnefeddus i oleudy hardd Chwitffordd, ger blaen
gogleddol Penrhyn Gŵyr. Anodd credu i'r glannau hyn fod yn berygl
i longau, ond ar un noson enbyd yn Ionawr 1868 collwyd cynifer â 16 o
longau ychydig i'r de oddiyma.

WHITEFORD POINT, GOWER

The swirling sands of Whiteford Point form the western boundary of
the great tract of salt marshland that extends all along the north coast of
the Gower Peninsula. The scenery here is very different from the
south, but the area has its attractions, notably the famous cockle women of
Pen-clawdd, whose quarry thrives in millions on the mudflats.

TRWYN CHWITFFORDD, GŴYR

Tywodydd troellog Trwyn Chwitffordd yw terfyn gorllewinol y darn
eang o forfa sy'n ymestyn dros arfordir gogleddol Penrhyn Gŵyr. Y mae'r
tir gwyllt ac anial yn dra gwahanol i gilfachau tlysion y de, ond
mae yma bethau diddorol hefyd, yn enwedig merched enwog Penclawdd
sy'n cynaeafu'r cocos o blith y miliynau ar y gwastadedd lleidiog.

111

RHOSILI BEACH, GOWER

Rhosili Bay, a magnificent three-mile sweep of sand, faces due west
at the far end of the Gower Peninsula. It is the best beach in the area, and
the winds breezing in from the Atlantic which make this such a
perfect spot for surfing have also carved the sand into a moonscape of
mountainous dunes.

TRAETH RHOSILI

Mae Bae Rhosili gyda'i dair milltir o dywod yn wynebu tua'r
gorllewin ar ben pellaf Penrhyn Gŵyr. Dyma'r traeth gorau yn y
cwmpasoedd, ac y mae'r gwyntoedd o Iwerydd a'i gwnaeth yn lle
perffaith i frigdonni, hefyd wedi cerfio'r tywod yn wlad o dwyni
enfawr.

MEWSLADE BAY TO PORT EYNON POINT, GOWER

The high limestone cliffs along Gower's south-western coast are riddled with caves and in several of them bones of prehistoric man and animals have been found. The most famous is the Red Lady (actually a man) found in Paviland Cave half way between Mewslade Bay, in the foreground, and Port Eynon Point, in the distance.

BAE MEWSLADE HYD AT DRWYN PORTH EINON, GŴYR

Y clogwyni ar hyd glannau de-orllewin Gŵyr ydyw'r uchaf ar y penrhyn. Rhidyllir y calchfaen gan ogofeydd ac mewn nifer ohonynt cafwyd esgyrn dynion ac anifeiliaid o'r cyfnod cyn-hanes. Yr enwocaf yw'r Fenyw Goch a gafwyd yn Ogof Paviland tua hanner ffordd rhwng Bae Mewslade, a Thrwyn Porth Einon yn y pellter.

113

WORMS HEAD, GOWER

Worms Head, on Gower's westernmost tip, is a haven for marine
life. Here, hundreds of jellyfish float in the shelter of the headland like so
many giant snowflakes. These waters are a fisherman's paradise,
with enormous bass and dozens of other fish including pollock, conger eels,
dabs, plaice, wrasse, dogfish, monkfish and mackerel.

PEN PYROD

Mae Pen Pyrod ym mhen gorllewinol Gŵyr yn hafan i fywyd y môr.
Yma yng nghysgod y penrhyn nofia'r slefren fôr wrth y cannoedd fel rhyw
blu eira llydain. Mewn agennau yng nghalchfaen yr harbwr noddir
llawer o fân greaduriaid, cynefin draenogiad y môr, a dwsinau o bysgod
eraill fel y morlas, y gyhyren, y wrachen, y penci a'r facrell.

114

PORT EYNON POINT, GOWER

From above, Port Eynon Point's limestone headland seems to have
been raked by giant fingers. This is the southernmost point of the lovely
Gower Peninsula, which in 1956 became the first part of Britain to
be designated an Area of Outstanding Beauty. As Swansea's playground, it
is packed in summer but has managed to retain its charm.

TRWYN PORTH EINON, GŴYR

Oddi uchod ymddengys trwyn Porth Einon fel petai wedi ei gribo
gan fysedd enfawr. Dyma bwynt deheuol Penrhyn Gŵyr, yr ardal gyntaf
ym Mhrydain i'w dynodi yn 1956 gan yr Ymddiriedolaeth
Genedlaethol yn Rhanbarth o Harddwch Naturiol Eithriadol. Dyma faes
chwarae Abertawe, gorlawn yn yr haf, ond ni chollodd ei swyn.

OXWICH POINT, GOWER

The excellent sandy bays of Gower's southern coastline are protected
by dramatic rocky headlands that jut out every four miles or so. In the
foreground is Oxwich Point and beyond are Port Eynon Bay and
Port Eynon Point. Part of Oxwich Point and Oxwich Burrows behind it
form one of Gower's three nature reserves.

TRWYN OXWICH, GŴYR

Cysgodir y traethau tywod braf ar ymyl ddeheuol Gŵyr gan
benrhynnau creigiog trawiadol sy'n ymestyn allan bob rhyw bedair milltir
ar hyd y pentir. Yn y blaen gwelir Trwyn Oxwich a thuhwnt iddo
Bae a Thrwyn Porth Einon. Mae un o'r tair gwarchodfa natur ym Mro
Gŵyr yn cynnwys rhan o Drwyn Oxwich a'r twyni tu draw.

MUMBLES HEAD

A lighthouse, built in 1794, warns vessels away from Mumbles
Head, guarding the entrance to Swansea Bay. The Mumbles has long been
a holiday resort for the inhabitants of Swansea and beyond; the
Swansea to Mumbles railway, opened in 1806 to carry holidaymakers
round the bay, was the first in Britain to carry passengers.

TRWYN Y MWMBWLS

Saif y goleudy, a godwyd yn 1794, yn rhybudd i longau rhag Trwyn
y Mwmbwls ac i warchod y fynedfa i Fae Abertawe. Bu'r Mwmbwls ers
llawer blwyddyn yn gyrchfan gwyliau i drigolion Abertawe a'r
cyffiniau. Agorwyd rheilffordd i'r Mwmbwls o Abertawe yn 1806 i gludo
teithwyr o amgylch y bae, y gyntaf yng Nghymru i gario pobl.

SWANSEA

Once the copper-smelting capital of the world and later a tin-plating
and coal-exporting centre, Swansea has successfully adapted itself to new
industries and is now Wales's second city. It was badly bombed in
the war, though, and much of the city centre is modern. The docks in the
foreground have been converted into an attractive marina.

ABERTAWE

Wedi iddi fod unwaith yn brifddinas y byd i'r diwydiant toddi copr
ac wedyn yn ganolfan gwaith alcam ac allforio glo, addaswyd Abertawe'n
hwylus i ddiwydiannau newydd nes dyfod yn ail o ddinasoedd
Cymru. Fe'i difrodwyd yn ddrwg yn y rhyfel, a diweddar ydyw llawer o
ganol y ddinas.

THE UPLANDS, SWANSEA

Phalanxes of neat terraced houses climb the steep slope of Town Hill
in the old residential area of Swansea, known as the Uplands. The poet
Dylan Thomas, who with some ambivalence called his birthplace an
'ugly, lovely town', spent his childhood in Cwmdonkin Drive near here: his
father was the English master at Swansea Grammar School.

YR UPLANDS, ABERTAWE

*Mae rhesi o dai destlus yn dringo allt serth Town Hill yn hen
gymdogaeth yr Uplands, fel y'i gelwir. Yn Cwmdonkin Drive gerllaw,
magwyd y bardd Dylan Thomas a alwodd y dref gyda pheth
amwysedd yn 'ugly, lovely town'. Yr oedd ei dad yn athro Saesneg yn Ysgol
Ramadeg Abertawe.*

DRIVER VEHICLE LICENSING AGENCY, SWANSEA

The DVLA, that hall of fame and infamy for the British motorist, is housed in a modern complex on the edge of Swansea. Here, since 1974, records have been kept of every driving licence and vehicle registration document in the UK. It has recently taken on the new status of Executive Agency within the Department of Transport, which allows it greater autonomy.

CANOLFAN DRWYDDEDU GYRWYR A CHERBYDAU, ABERTAWE

Lleolwyd y ganolfan, man gobaith ac anobaith i'r modurwr, mewn adeiladau modern ar ffiniau Abertawe. Yma, ers 1974, cedwir cofnod o bob trwydded yrru a dogfen gofrestru cerbydau yn y Deyrnas unedig. Yn ddiweddar gwnaed y ganolfan yn Asiantaeth Weithredol o fewn yr Adran Drafnidiaeth, sy'n rhoddi iddi ragor o annibyniaeth.

NEATH ABBEY

The Cistercians chose their abbey sites with care and Neath, seen here, was described by the Tudor antiquary John Leland as 'the fairest abbey of all Wales'. Time and industrial development have not been kind to the ruins, however; now they stand sandwiched incongruously between the Tennant Canal and a railway, almost lost among the industrial plants of the new town.

MYNACHLOG NEDD

Byddai'r Sistersiaid yn dewis safleoedd eu mynachlogydd yn ofalus, a dywedodd yr hynafiaethydd Tuduraidd John Leland mai hon oedd 'y fynachlog decaf yn holl Gymru'. Ni bu amser na thwf diwydiant yn garedig wrth yr adfeilion, a wasgwyd yn anghydnaws rhwng camlas Tennant a'r rheilffordd, fel eu bod bron ar goll ymysg safleoedd diwydiannol y dref ddiweddarach.

NEATH AND PORT TALBOT

The industrial coastline of South Wales is fascinatingly complex
from above. In the foreground is the huge BP oil refinery at Llandarcy (the
picture was taken before the recent reorganisation and switch from
fuel to specialist refining); beyond is the BP petrochemicals plant at Baglan
Bay and, in the distance, Port Talbot and the Margam steelworks.

CASTELL-NEDD A PORT TALBOT

Mae arfordir diwydiannol ymyl orllewinol maes glo'r Deheudir yn
rhyfeddol o gymhleth wrth edrych arno o'r awyr. Yn y blaendir mae purfa
olew BP yn Llandarcy (cyn yr atrefnu a'r newid diweddar o buro
tanwydd i waith arbenigol). Draw mae safle petrocemegol BP ym Mae
Baglan, ac yn y pellter Port Talbot a gwaith dur Margam.

TREORCHY

Treorchy is Rhondda's main cultural centre, home of the Parc and
Dare Workmen's Band and the world-famous Treorchy Royal Male Voice
Choir. Its most obvious landmark, in the centre right of the picture,
is the Parc and Dare Hall, which began life in 1903 as a Workingmen's
Library and Institute, financed by the first miners' trade association.

TREORCI

Treorci yw prif ganolfan ddiwylliannol y Rhondda, cartref Seindorf
Gweithwyr Parc & Dare a Chôr Meibion bydenwog Treorci. Ei hadeilad
amlycaf, ar y dde yng nghanol y darlun, yw Neuadd Parc & Dare, a
ddechreuodd ei gyrfa yn 1903 fel Llyfrgell a Sefydliad y Gweithwyr, a
gynhelid yn ariannol gan gymdeithas grefft gyntaf y glowyr.

NANT HIR RESERVOIR, NEAR HIRWAUN

At the other end of the scale from Wales's giant reservoir systems
like the Elan Valley lakes or Llyn Brianne, the little Nant Hir reservoir is
oddly attractive from above, with a graceful arched bridge carrying
the Heads of the Valleys road over its narrowest part. It collects water from
the southern foothills of the Brecon Beacons to supply Merthyr Tudfil.

CRONFA DDŴR NANT HIR, GER HIRWAUN

Er ei bod yn yr eithaf arall o ran maint i'r cronfeydd anferth fel
Cwm Elan neu Lyn Brianne, mae cronfa fechan Nant Hir yn hynod o
ddeniadol oddi uchod, gyda phont fwaog urddasol yn cynnal ffordd
Blaenau'r Cymoedd dros ei man culaf. Daw ei dŵr o fryniau deheuol
Bannau Brycheiniog i gyflenwi rhan ogleddol Merthyr Tudful.

MERTHYR TUDFUL

Cradle of the Industrial Revolution – where coal and iron ore were
first combined commercially – Merthyr was once the largest town in *Wales*,
with a reputation for grime and deprivation to match. Cyfarthfa
Castle, surrounded by woods in the centre right of the picture, was the
home of the Crawshay family of ironmasters, who with the
Homfrays and the Guests of Dowlais dominated the town.

MERTHYR TUDFUL

Today Merthyr is a very different place. There are new hotels,
housing and trading estates, the *A465 Heads of the Valleys* road (in the
foreground) bypasses the town centre, and since the air is clean, the
great beauty of the surrounding countryside is apparent. Shown here is
Pant, to the north of the town, and the lovely Pontsticill Reservoir.

MERTHYR TUDFUL

Merthyr ar un adeg oedd y dref fwyaf yng Nghymru, crud y
Chwyldro Diwydiannol lle bu'r cyfuno masnachol cyntaf ar fwyn haearn a
glo, gydag enw iddi hefyd am fudreddi ac amddifadedd. Yng
nghanol y llun i'r dde ymysg ei goed saif Castell Cyfarthfa, cartref teulu'r
meistri haearn Crawshay, a fu gyda theuluoedd Homfray a Guest o
Ddowlais yn arglwyddiaethu ar y dref.

MERTHYR TUDFUL

Lle tra gwahanol sydd ym Merthyr heddiw. Mae yno westyau
newydd, stadau tai a marchnata, ffordd Blaenau'r Cymoedd *A465* (yn y
blaendir) yn osgoi canol y dref, ac oherwydd glendid yr awyr mae
harddwch mawr y wlad yn eglur. Dyma'r Pant, tua'r gogledd o'r dref, a
chronfa ddŵr lanwaith Ponsticill.

MERTHYR TUDFUL

Typical Valleys houses in Merthyr Tudful, each painted to express
its owner's individuality and built in grid-like streets punctuated by the
larger chapel buildings, make a harmonious picture for the bird's eye
camera and reveal a pattern that it is impossible to appreciate from the
ground.

MERTHYR TUDFUL

Tai nodweddiadol y Cymoedd ym Merthyr Tudful, pob un wedi ei
liwio yn ôl dyhead ei berchennog a'u hadeiladu mewn patrwm o
strydoedd croes-ymgroes gyda'r capeli helaeth yn dyrchafu eu
pennau yma ac acw, gan greu darlun cydnaws i lygad y
camera o'r awyr.

RHONDDA FAWR, MYNYDD TY'N-TYLE AND RHONDDA FACH

With the grime of the collieries gone the Valleys are again beautiful places. Their appearance has been radically altered by their industrial success, though: their forests have gone and the scars of iron ore workings and some slag heaps still remain. Nevertheless, time and grass have worked wonders in repairing man's damage.

RHONDDA FAWR, MYNYDD TY'N -TYLE A RHONDDA FACH

Daeth harddwch eto i'r cymoedd wedi diflannu o lwch y glofeydd. Ond yr oedd eu llwyddiant diwydiannol wedi newid eu gwedd yn llwyr; cyn y Chwyldro Diwydiannol bu yno goedydd trwchus, a dorrwyd yn danwydd i'r gweithiau haearn cynnar ac yna'n bropiau yn y pyllau glo. Erys creithiau'r gwaith mwyn haearn a rhai tomennydd slag.

RHONDDA FAWR

The Rhondda was king of the coal valleys, with no less than 66 pits
in its heyday and almost continuous settlements along the valley floor to
house its huge population of miners. Today, many of its inhabitants
work elsewhere. Shown here are Gelli, in the foreground, Pentre, Treorchy
and, in the distance, Treherbert.

RHONDDA FAWR

*Ar uchaf ei phrysurdeb teyrnasai'r Rhondda dros holl gymoedd y glo,
gyda chynifer â 66 o lofeydd a thai bron yn ddifwlch ar hyd gwaelod y
cwm ar gyfer poblogaeth enfawr y glowyr. Gweithio mewn mannau
eraill y mae llawer o'r trigolion heddiw, yn stadau masnach Hirwaun a
Threfforest a'r trefi mwyaf.*

MERTHYR VALE COLLIERY

At the turn of the century and in the two following decades, South
Wales produced up to 56 million tonnes of coal a year and almost three
quarters of Wales's population was concentrated in the mining
valleys. Now only six collieries remain: Merthyr Vale, shown here, was one
of the most recent casualties, closed in July 1989.

GLOFA MERTHYR VALE

Ar droad y ganrif ac am y ddau ddegawd dilynol cynhyrchai De
Cymru hyd at 56 miliwn tunnell o lo bob blwyddyn ac yr oedd yn agos i
dri chwarter poblogaeth Cymru wedi eu crynhoi yn y cymoedd
glofaol. Erbyn heddiw dim ond chwe glofa sy'n weddill, a'r golled
ddiweddaraf oedd Merthyr Vale, a gaewyd yng Ngorffennaf 1989.

ABERFAN

The tragedy at Aberfan of 21 October 1966, when a colliery tip slid
down the hillside burying the village school below, shocked the world: 116
children and 28 adults died. Aberfan coped with the disaster with
immense courage and the school was rebuilt on a new site beside the river –
it can be seen in the left foreground.

ABERFAN

Brawychwyd y byd gan drychineb Aberfan ar 21 Hydref 1966 pan
lithrodd tomen y lofa i lawr a chladdu'r ysgol islaw. Bu farw 116 o blant a
28 o rai mewn oed. Ymatebodd Aberfan gyda gwroldeb anhygoel ac
adeiladwyd ysgol newydd ar safle gerllaw'r afon, fel y gwelir yn y blaendir
ar y chwith.

PONTYPRIDD

Pontypridd grew up in the eighteenth century as the market centre
for the Rhondda and Taff valleys that converge on it. In Ynysangharad Park
on the right of the picture are statues to the memory of Evan and
James James, composers of the Welsh National Anthem; in the distance is
Trefforest where pop singer Tom Jones was born.

PONTYPRIDD

Tyfodd Pontypridd yn y ddeunawfed ganrif fel tref farchnad i
gymoedd Rhondda a Thaf sy'n cyd-gyfarfod yno. Ym mharc Ynysangharad
ar y dde yn y llun mae cerfddelwau er cof am Evan a James James,
awduron 'Hen Wlad fy Nhadau'. Yn y pellter mae Trefforest lle ganed y
canwr Tom Jones.

CAERPHILLY

The castle in its island of blue looks strangely out of place amidst the
sprawling housing estates and industrial areas of modern-day Caerphilly.
The town, home of the famous cheese, has grown enormously in
recent years, partly as a result of government initiatives aimed at restoring
prosperity to the Valleys after the drastic contraction of the coal
industry.

CAERFFILI

Mae gwedd ddieithr ar y castell mewn ynys o lesni ymysg y stadau
tai sy'n ymledu oddi amgylch a rhannau diwydiannol Caerffili heddiw.
Mae'r dref, a roes ei henw i'r caws adnabyddus, wedi tyfu 'n
aruthrol mewn blynyddoedd diweddar, yn rhannol oherwydd symbyliad
llywodraeth i adfer ffyniant y Cymoedd wedi'r cyfyngu enbyd ar y
diwydiant glo.

CAERPHILLY CASTLE

Caerphilly's huge castle, the largest in Wales and a masterpiece of
the concentric form, is particularly impressive because of its vast moat and
additional fortifications to east and west. It was built by Gilbert de
Clare in the late thirteenth century at a strategic point between the
northern valleys and the route to Cardiff, to counter resurgent Welsh
resistance led by Llewelyn ap Gruffydd.

CASTELL CAERFFILI

Castell enfawr Caerffili yw'r mwyaf yng Nghymru, un o
gampweithiau'r cynllun cynghreiddig sy'n arbennig o drawiadol oherwydd
y ffos eang a'r amddiffynfeydd ychwanegol i'r dwyrain a'r gorllewin.
Fe'i codwyd gan Gilbert de Clare cyn diwedd y drydedd ganrif ar ddeg
mewn man strategol rhwng y cymoedd tua'r gogledd a'r ffordd i
Gaerdydd, i wrthsefyll gwrthryfel y Cymry dan arweiniad Llywelyn ap
Gruffydd.

COITY CASTLE

Coity Castle was founded in the twelfth century by the Norman
Peyn de Turberville, on land allegedly inherited peacefully from Morgan,
the last Welsh ruler, whose daughter he married. A later lord of
Coity, Sir William Gamage, withstood a long siege by Glyndwr, but the
castle declined when his family died out in the sixteenth century.

CASTELL COETY

Sefydlwyd Castell Coety yn y ddeuddegfed ganrif gan y Normaniad
Peyn de Turberville, ar dir yr honnid iddo'i etifeddu'n ddi-drais gan
Morgan, ei berchennog olaf. Bu un o arglwyddi diweddarach Coety,
Syr William Gamage, yn gwrthsefyll gwarchae maith gan Glyndŵr, ond
dirywiodd y castell cyn diwedd yr unfed ganrif ar bymtheg.

ST DONAT'S CASTLE

St Donat's Castle, dating from the fourteenth to sixteenth centuries,
is set in idyllic surroundings on Glamorgan's Heritage Coast. In 1925 it
was bought by the American newspaper magnate William Randolph
Hearst who spent a considerable amount on improvements, including
adding parts of a fourteenth-century Wiltshire priory. Since 1962 it
has been the home of Atlantic College, an international co-educational
sixth-form college.

LLANDAFF CATHEDRAL

In a hollow where in the sixth century St Teilo founded a religious
community stands Llandaff Cathedral, a church that has shown a quiet
determination to survive. Cromwell used it as an ale house, storms
have battered it and in 1941 it was badly damaged by German bombs.
Now lovingly restored, it houses Epstein's huge, and controversial,
sculpture, 'Christ in Majesty'.

CASTELL SAIN DUNAWD

Adeiladwyd y castell rhwng y bedwaredd ganrif ar ddeg a'r unfed ar
bymtheg, mewn amgylchedd swynol ar Arfordir Treftadaeth Morgannwg.
Yn 1925 fe'i prynwyd gan yr Americanwr William Randolph
Hearst, perchennog papurau newydd a wariodd yn helaeth ar welliannau,
gan ychwanegu rhannau o briordy o'r bedwaredd ganrif ar ddeg o
Wiltshire. Ers 1962 bu'n gartref Coleg Iwerydd, coleg chweched-dosbarth
cydaddysgol rhyngwladol.

EGLWYS GADEIRIOL LLANDAF

Mewn pantle lle sefydlwyd cymuned grefyddol gan Teilo Sant yn y
chweched ganrif, saif Cadeirlan Llandaf, eglwys a ddangosodd benderfyniad
tawel i barhau. Fe'i defnyddiwyd yn dafarn gan Cromwell, cafodd ei
dyrnu gan stormydd a'i difrodi'n ddrwg gan fomiau'r Almaen yn 1941. Fe'i
hadferwyd yn ofalus, ac ynddi gwelir cerflun mawr a dadleuol
Epstein o'r Crist.

SPLOTT DISTRICT, CARDIFF

The neatly ordered streets of Cardiff's Splott district were built in the
1880s by Lord Tredegar to house workers in the nearby steel works, moved
here from Dowlais in 1888. The street names show his lordship's
idiosyncrasies: Carlisle Street refers to one of his solicitors; Habershon Street
to a favourite architect.

ARDAL Y SBLOT, CAERDYDD

Ffurfir ardal Y Sblot gan batrwm trefnus croes-ymgroes y strydoedd
a godwyd yn yr 1880au gan Arglwydd Tredegar i gartrefu gweithwyr y
gwaith dur gerllaw a symudasid yma o Ddowlais yn 1888. Mae
enwau'r strydoedd yn arwydd o dueddiadau'r perchennog: nid ar ôl y
ddinas ond ar ôl un o'i gyfreithwyr yr enwyd Heol Carlisle.

CANTON DISTRICT, CARDIFF

Cardiff has only been Wales's capital since 1955 and its history as a
city is comparatively short: it grew up in the nineteenth century as a coal
and iron exporting port. With the building of the docks came many
immigrants but the name of the Canton district shown here in the
foreground refers not to China but to the early British saint, Canna.

ARDAL CANTON, CAERDYDD

Nid cyn 1955 y daeth Caerdydd yn brifddinas Cymru a hanes
cymharol fyr sydd iddi fel dinas: tyfodd yn y ganrif ddiwethaf fel porthladd
allforio glo a haearn. Gydag adeiladu'r dociau daeth iddi lawer o
fewnfudwyr ond nid yw enw ardal Canton a welir yma yn y blaendir yn
cyfeirio at China ond at y sant Prydeinig cynnar, Canna.

135

CARDIFF ARMS PARK

Rugby is a Welsh passion and, fittingly, the most famous stadium
stands in the heart of the capital. Technically speaking, the ground on the
left is the *Arms Park* and that on the right the *Welsh National
Ground* but they are known collectively as Cardiff Arms Park, the venue,
twice a year, for that battle of heroes, the International.

PARC ARFAU CAERDYDD

Oherwydd y brwdfrydedd Cymreig dros rygbi yr oedd yn naturiol i'r
stadiwm enwocaf fod yng nghanol y brifddinas. A bod yn fanwl, y tir ar y
chwith yw Parc yr Arfau gyda Maes Cenedlaethol Cymru ar y dde,
ond adwaenir y ddau ynghyd fel Parc Arfau Caerdydd, cyrchfan yr ornest
ryngwladol, brwydr y dewrion, ddwywaith y flwyddyn.

CARDIFF

Cardiff's splendid baroque civic centre, built in c.1904 as the coal boom neared its peak, is a symbol of the boundless optimism of those times. The public buildings are laid out round the rectangular Alexandra Gardens. Shown here are the City Hall with its 194-foot clock tower, the law courts to its right and, at the foot of the picture, County Hall.

CAERDYDD

Mae canolfan ddinesig baroque ysblennydd Caerdydd, a adeiladwyd tua 1904 fel y dynesai uchafbwynt y diwydiant glo, yn arwydd o hyder diderfyn yr amserau. Trefnir yr adeiladau cyhoeddus o amgylch petryal Gerddi Alexandra. Yma gwelir Neuadd y Ddinas, y llysoedd barn i'r dde a Neuadd y Sir ar waelod y llun.

SEVERN BRIDGE

The most familiar gateway to Wales, the Severn Bridge, carries the
M4 motorway over the Severn and Wye estuaries. The green fields, woods
and distant mountains provide quite different scenery from the
English side and one immediately feels one is in another country. Opened in
1966, the bridge has become horribly busy at peak times.

PONT HAFREN

Dros Bont Hafren, y fynedfa fwyaf adnabyddus i'r wlad, daw
traffordd M4 dros ddyfroedd Hafren a Gwy i Gymru. Mae'r caeau gleision,
y coedydd a'r bryniau yn y pellter yn olygfa tra gwahanol i'r tiroedd
gwastad ar ochr Lloegr a buan y ceir argraff o fod mewn gwlad wahanol.
Agorwyd y bont yn 1966 a bydd yn orlawn ar adegau prysur.

NEWPORT

Newport grew up as a port exporting iron and coal from the eastern
industrial valleys. Much of the town centre, shown here, was rebuilt and
modernised in the 1960s and '70s and although the result is
scarcely beautiful, it has helped Newport attract new high-tech companies
and service industries as income sources for the future.

CASNEWYDD

Daeth Casnewydd yn bwysig yn y ganrif ddiwethaf fel porthladd
allforio haearn a glo o'r cymoedd diwydiannol. Yn chwedegau a
saithdegau'r ganrif bresennol bu ail-adeiladu a diweddaru llawer ar
ganol y dref, a welir yma. Prin y llwyddwyd i greu harddwch, ond bu'n
gymorth i ddenu cwmniau i fod yn sail ffyniant ariannol y dyfodol.

139

CAERLEON

At Caerleon near Newport stand the remains of the chief Roman fort
in Wales, Isca Silurum. This general view shows the Western half of the
fortress together with the modern-day village in the right foreground.
The four excavated strips diagonally to the right of the amphitheatre are the
remains of a barrack block.

CAERLLION

Yng Nghaerllion ger Casnewydd saif gweddillion y brif gaer Rufeinig
yng Nghymru, Isca Silurum. Dengys yr olwg gyffredinol hon hanner
gorllewinol y gaer gyda'r pentref presennol yn y gwaelod ar y dde.
Olion y rhan lle bu'r barics yw'r pedair llain a gloddiwyd ar hytraws ar yr
ochr dde i'r amffitheatr.

ROMAN AMPHITHEATRE, CAERLEON

Caerleon's fortress was established in AD 75 to subdue the warlike
Silures of the south. It was the permanent base of the second Augustan
Legion and held about 6,000 foot soldiers and horsemen. Shown
here is the best preserved element of the site, the impressive amphitheatre,
added in AD 80.

CAER RUFEINIG, CAERLLION

Sefydlwyd amddiffynfa Caerllion yn OC 75 i ddarostwng Siluriaid
ffyrnig y deheudir. Dyma orsaf barhaol yr ail leng Awgwstaidd a
chynhwysai tua chwe mil o wŷr traed a marchogion. Yn y darlun
gwelir y rhan o'r safle a gadwyd orau, yr amffitheatr trawiadaol a
ychwanegwyd yn OC 80.

LLANTARNAM ABBEY

Wales has a strong ecclesiastical tradition, from the sixth-century
Age of wandering Celtic Saints to the great Methodist spiritual revival of the
eighteenth and nineteenth centuries, but this Catholic abbey must
seem incongruous amongst the neighbouring chapels. A Victorian building,
it belongs to the Benedictine sisters of St Joseph.

ABATY LLANTARNAM

Yng Nghymru mae traddodiad eglwysig cryf, o gyfnod seintiau
Celtaidd crwydrol y chweched ganrif hyd y Diwygiad Methodistaidd yn y
ddeunawfed ganrif a'r bedwaredd ar bymtheg, ac efallai bod gwedd
ddieithr i'r Abaty catholig hwn. Adeilad Fictoriaidd ydyw ar safle o'r
oesoedd canol, yn perthyn i chwiorydd Benedictaidd Sant Ioseff.

TINTERN ABBEY

One of the most famous abbeys in Britain, Tintern rises proud and magnificent from the banks of the River Wye. Begun in 1131 but dating mostly to the late thirteenth century, Tintern is the archetypal Cistercian abbey, set in glorious wooded scenery. The Cistercians were encouraged by the Normans because of their agricultural expertise.

ABATY TYNDYRN

Ymgyfyd Tyndyrn, un o'r abatai enwocaf ac amlaf ei hymwelwyr ym Mhrydain, yn falch a godidog ar lannau prydferth *Afon Gwy*. Tyndyrn, ymysg hyfrydwch y tiroedd coediog, yw'r abaty sistersaidd nodweddiadol. Dechreuwyd adeiladu yn 1131 ond perthyn yn bennaf i ran olaf y drydedd ganrif ar ddeg.

143

RIVER WYE, NORTH OF CHEPSTOW

Surely Wales's most delightful river, the *Wye* charts a languid
course between steeply wooded banks on its way to the Severn Estuary.
From near Monmouth to Chepstow, it forms the border with
England. In 1971 this stretch was designated an *Area of Outstanding
Natural Beauty.*

AFON GWY, TUA'R GOGLEDD I GASGWENT

Mae *Afon Gwy,* afon hyfrytaf Cymru, yn llifo'n hamddenol rhwng
glannau coediog serth tua Môr Hafren. O gyffiniau Trefynwy hyd at
Gasgwent, hi yw'r terfyn rhwyn Cymru a Lloegr. Yn 1971
dynodwyd y darn hwn ohoni'n ail *Ardal o Harddwch Naturiol Eithriadol.*
Bro Gŵyr oedd y gyntaf i'w dynodi yng Nghymru.

LLANDEGFEDD RESERVOIR

At the eastern edge of the Valleys, the Llandegfedd Reservoir provides
water for the nearby large industrial towns but is also a playground for
Pontypool, two miles to the west: the lake has good sailing and
fishing and there is an interesting rare breeds farm
park nearby.

CRONFA DDŴR LLANDEGFEDD

Mae Cronfa Ddŵr Llandegfedd ar ymyl ddwyreiniol y Cymoedd nid
yn unig yn cyflenwi dŵr i'r trefi mawr diwydiannol cyfagos ond hefyd yn
faes chwarae i Bontypŵl, ddwy filltir i'r gorllewin. Mae'r llyn yn
dda ar gyfer hwylio a physgota ac y mae parc fferm i anifeiliaid o fridiau
prinion gerllaw.

145

CHEPSTOW CASTLE

On its high cliff above the River Wye, Chepstow Castle still
dominates the town. The Silures and then the Romans fortified this perfect
site before the Normans began the present structure in 1067. One of
the towers later became the long-term prison of Henry Marten, who signed
Charles I's death warrant and got his come-uppance at the Restoration.

CASTELL CASGWENT

Ar ei glogwyn uchel uwchben Afon Gwy, y mae Castell Casgwent yn
parhau i arglwyddiaethu dros y dref. Codwyd caer ar y safle perffaith hwn gan
y Siluriaid a'r Rhufeiniaid cyn i'r Normananiaid ddechrau ar yr adeilad
hwn. Yn un o'r tyrau am amser maith carcharwyd Henry Marten a lofnododd
warant dienyddiad Siarl I ac a gosbwyd adeg yr Adferiad.

CHEPSTOW

William FitzOsborn, who built the castle, brought in the
Benedictines at the same time to build Chepstow's fine priory church of St
Mary's, begun in 1072. The original nave is still standing today; the
tower at the west end dates to 1700, replacing a Norman central tower
which collapsed.

CASGWENT

Codwyd y castell gan William FitzOsborn, a ddaeth â'r Benedictiaid
gydag ef yr un pryd i adeiladu priordy gwych y Santes Fair, a ddechreuwyd
yn 1072. Saif corff gwreiddiol yr eglwys heddiw; dyddiad y tŵr a'r
pen gorllewinol yw 1700, ac fe'u codwyd yn lle'r tŵr canol Normanaidd a
gwympodd.

RAGLAN CASTLE

Unlike the Edwardian castles, Raglan is the product of social
ambition. The hexagonal Great Tower was built by Sir William ap
Thomas, a royal servant of modest origins, in c.1435. His son
William Herbert, Earl of Pembroke, a leading figure during the Wars of the
Roses, was responsible for most of the rest of this palatial building.

CASTELL RHAGLAN

Yn wahanol i'r cestyll Edwardaidd, cynnyrch uchelgais cymdeithasol
un teulu yw Rhaglan. Codwyd y tŵr chweonglog adnabyddus (a ddarlunir
yma) gan Syr William ap Thomas, gŵr o dras cyffredin a ddaeth yn
was y brenin, tua 1435. Ei fab William Herbert, Iarll Penfro, fu'n gyfrifol
am y rhan fwyaf o weddill yr adeilad gwych.

YSGYRYD FAWR

The strangely-shaped hummock of the Skirrid Mountain lies north-east of Abergavenny. The name 'Skirrid' or 'broken' comes from the fact that the wooded hill to the right appears to have been broken off the side of the main mountain, a feat variously ascribed to Noah's ark, St Michael and the devil. On the Skirrid's summit are the remains of the medieval St Michael's chapel.

VALE OF EWYAS, BLACK MOUNTAINS

From above, the uniqueness of the Black Mountains' landscape is fully apparent: long ridges of dark hills, their steep sides grooved and scalloped, are punctuated by quiet green valleys lined with trees. The central valley in the picture is the Vale of Ewyas; the ridge in the foreground marks the English border and has the long-distance Offa's Dyke Path running along it.

YSGYRYD FAWR

Saif ffurf twmpath rhyfedd Ysgyryd Fawr tua'r gogledd-ddwyrain i'r Fenni. Yr esboniad ar 'Ysgyryd' neu 'ddarniog' yw'r olwg ar y bryn coediog i'r dde sydd fel darn a dorrwyd o'r prif fynydd, gweithred a dadogir ar amrywiol achosion fel Arch Noa, Mihangel Sant, a'r diafol. Ar gopa'r Ysgyryd mae gweddillion capel Mihangel o'r canol oesoedd.

DYFFRYN EWIAS, Y MYNYDDOEDD DUON

Oddi uchod, mae arbenigrwydd tirwedd y Mynyddoedd Duon yn gwbl eglur: esgeiriau hirion o fryniau tywyll, eu hochrau serth yn rhigolau a chafnau, gydag ambell ddyffryn coediog gwyrdd. Y dyffryn yng nghanol y llun yw Dyffryn Ewias; mae'r esgair yn y blaendir yn nodi'r goror rhyngom a Lloegr gyda llwybr Clawdd Offa yn rhedeg ar ei hyd.

RIVER WYE, NEAR MONMOUTH

Although its source lies in Wales's heart, high in the Cambrian Mountains, and its tree-filled scenery seems peculiarly Welsh, the Wye in fact makes a lengthy detour to mature in the Herefordshire meadows. It re-enters Wales just north of Monmouth in a glorious steep-sided valley, a shining ribbon of water banked by oak woodland.

AFON GWY, GER TREFYNWY

Er bod ei tharddiad yn uchel ym mynyddoedd Cymru, a bod golud ei glannau coediog yn rhoi iddi gymeriad neilltuol Gymreig, crwydra Afon Gwy ymhell i ymledu ymysg dolydd Sir Henffordd. Mae'n dychwelyd i Gymru tua'r gogledd i Drefynwy mewn dyffryn hardd ag ochrau serth, yn rhuban disglair o ddŵr rhwng coed derw'r glannau.

LLANTHONY PRIORY

In the tranquil *Vale of Ewyas* in the heart of the *Black Mountains*
stand the remains of the twelfth-century Augustinian Priory of Llanthony,
built on the site of a sixth-century hermitage of St David. The
Priory, part of which is now a hotel, once belonged to the poet *Walter
Savage Landor*, and the Victorian diarist *Kilvert* also came here.

RIVER USK, KEMEYS INFERIOR

The River Usk carves fantastic patterns for itself as it meanders
through a wide, shallow valley between Usk and Caerleon on its way from
the Brecon Beacons to the sea at Newport. Less romantic than the
Wye, the Usk, with its surrounding patchwork of fertile agricultural land,
nevertheless has a pastoral beauty of its own. It is also an excellent
salmon river.

PRIORDY LLANDDEWI NANT HONDDU

Yn nyffryn tawel *Ewias* yng nghanol y *Mynyddoedd Duon* gwelir
adfeilion Priordy Awstinaidd Llanddewi, a godwyd ar safle cell Dewi Sant
o'r chweched ganrif. Bu'r priordy, sydd â rhan ohono'n westy
heddiw, yn eiddo unwaith i'r bardd *Walter Savage Landor*, a bu'r
dyddiadurwr *Kilvert* yma ar ei dro.

AFON WYSG, CEMAIS

Mae *Afon Wysg* yn naddu patrymau rhyfeddol iddi ei hun wrth
ymdroi drwy ddyffryn llydan bas rhwng Brynbuga a Chaerllion ar ei ffordd
o Fannau Brycheiniog i'r môr yng Nghasnewydd. Nid yw mor
rhamantus ag *Afon Gwy*, ond ymysg ei chlytwaith o dir amaethyddol, mae
iddi hithau ei harddwch gwledig. Mae hefyd yn afon ragorol am
eogiaid.

MONMOUTH

Monmouth seems a fairly sleepy place today but it is proud of its
links with the past. As well as the famous Monnow Bridge it has a main
square grandly named Agincourt Square in memory of Henry V who
was born in the castle here; another famous son was Charles Rolls, co-
founder of Rolls Royce.

TREFYNWY

Ymddengys Trefynwy heddiw yn ddigon di-gyffro ond y mae'n falch
o'i chysylltiadau gyda'r gorffennol. Yn ogystal â'r bont enwog dros Afon
Mynwy rhoddwyd yr enw mawreddog Agincourt Square ar y
prif sgwâr er cof am Harri V a aned yn y castell; brodor enwog arall oedd
Charles Rolls, cyd-sefydlydd Rolls Royce.

MONNOW BRIDGE

Monmouth's most famous monument is the thirteenth-century
Monnow Bridge, the only fortified bridge gateway in Britain and one of the
few surviving in Europe. Today the town is mainly an agricultural
centre and the cattle market, whose pens can be seen next to the bridge, is
an important one.

PONT TREFYNWY

Y cofadail mwyaf adnabyddus yn Nhrefynwy yw'r bont o'r drydedd
ganrif ar ddeg dros Afon Mynwy, yr unig bont gaerog ym Mhrydain ac un
o'r ychydig weddill yn Ewrop. Heddiw mae'r dref yn ganolfan
amaethyddol ac mae yno farchnad dda-byw nodedig, y gellir gweld ei
chorlannau wrth ymyl y bont.

153

IRONWORKS, BLAENAVON

Blaenavon's ironworks were set up in 1789, at first to produce munitions, including, allegedly, the cannon used at Waterloo. They closed in 1900 and were not excavated until 1974. Since this picture was taken the furnaces and the old workers' cottages beside them were further restored for 1989, their bicentennial year.

GWAITH HAEARN, BLAENAFON

Sefydlwyd y gweithfeydd haearn yn 1789, i gynhyrchu arfau rhyfel i gychwyn, gan gynnwys, meddir, y magnelau ar gyfer Waterloo. Fe'u caewyd yn 1900 ac nis datgloddiwyd cyn 1974. Er pan dynnwyd y llun hwn bu adfer pellach ar hen fythynnod y gweithwyr gerllaw ar gyfer 1989, eu deucanmlwyddiant.

BLAENAVON

Blaenavon, in the eastern coalfield, was hit hard by the end of the
coal boom. A mining centre since the 1780s, it lost its main pit in 1980
and has turned to industrial tourism as a new source of employment
and revenue: the pit has been reopened as the Big Pit Museum where
visitors explore the old workings with ex-miners as guides.

BLAENAFON

Bu diwedd ffyniant y glo yn ergyd drom i Flaenafon yn y maes glo
dwyreiniol. Bu'n ganolfan glofeydd ers y 1780au, ond collodd y prif bwll yn
1980 a dewisodd dwristiaeth ddiwydiannol fel ffynhonnell newydd i
waith ac elw: ail-agorwyd y pwll fel amgueddfa lle gellir archwilio'r hen
waith dan arweiniad cyn-lowyr.

TREDEGAR

From the air, the symmetry of Tredegar's town centre, dominated by
its splendid Victorian town clock, makes the place seem more like a model
than a real town. This old mining community was the home town
of Nye Bevan, creator of the National Health Service and MP for the Ebbw
Vale constituency (which includes Tredegar) for 31 years.

TREDEGAR

Oherwydd cymesuredd ei sgwâr ac amlygrwydd y cloc Fictoriaidd
ysblennydd ymddengys Tredegar o'r awyr fel model yn hytrach na thref
wirioneddol. Yr hen gymdogaeth lofaol hon ym mlaen Cwm Sirhywi
oedd cartref Aneurin Bevan, aelod seneddol etholaeth Glynebwy (sy'n
cynnwys Tredegar) am 31 o flynyddoedd.

EBBW VALE

Ebbw Vale, a product of the early days of the Industrial Revolution, is still struggling to find prosperity. The picture shows the town centre from the north west with the British Steel tinplate works at the top right hand corner. Just beyond them, a vast site is being created for the 1992 Garden Festival Wales.

ABERTILLERY

The evolution of Abertillery, in the Ebbw Fach valley on the eastern side of the coalfield, has been common to many such Valleys towns. The mine in the foreground is now disused; the rows of terraced miners' cottages built in a ribbon along the narrow valley floor now provide relatively cheap housing for commuters to larger towns, in this case Pontypool and Cwmbran.

GLYNEBWY

Cynnyrch dyddiau cynnar y Chwyldro Diwydiannol yw Glynebwy, ac y mae'n parhau yn ei hymdrech i ddarganfod ffyniant. Yn y darlun dangosir canol y dref o gyfeiriad y gogledd-orllewin gyda gwaith tunplat Dur Prydain yn y gornel dde uchaf. Yn union tuhwnt, darperir safle anferth ar gyfer Gŵyl Gerddi Cymru 1992.

ABERTILERI

Yr un hanes sydd i Abertileri yng nghwm Ebwy Fach ar ochr ddwyreiniol y maes glo ag i lawer tref debyg yn y cymoedd. Caewyd y pwll a welir yn y llun; heddiw mae rhesi hirion tai'r glowyr ar waelod cul y cwm yn gartrefi gweddol rad i gymudwyr trefi mwy, fel Pontypŵl a Chwmbrân.

ABERGAVENNY

The charmingly-named Sugar Loaf Mountain overlooks the market
town of *Abergavenny*, set in a bowl of hills in the Usk valley. *Abergavenny*
has been settled at least since Roman times. Later came the
inevitable Norman castle (in the foreground); *Abergavenny's* is infamous as
the scene of the murder of the Welsh lords of Gwent in 1176.

Y FENNI

Saif tref farchnad Y Fenni mewn cylch o fryniau yn nyffryn Wysg,
gyda'r mynydd a elwir Sugar Loaf yn edrych drosti. Bu'n drigfan o leiaf
ers cyfnod y Rhufeiniaid, a roes iddi'r enw Gobannium. Wedyn wrth
gwrs daeth y castell Normanaidd (ym mlaen y darlun); adwaenir Y Fenni
fel man y llofruddio bradrus ar arglwyddi Cymreig Gwent yn 1176.

NEWBRIDGE

Newbridge lies roughly at the centre of Ebbw Vale, half way
between Ebbw Vale town at the valley's head and Newport, where the river
reaches the sea. Long and thin like so many Valleys towns, it
spreads, ribbon-like, along the valley bottom. The pit that was its original
raison d'être closed in 1985.

NEWBRIDGE

Saif Newbridge tua chanol Glyn Ebwy, hanner ffordd rhwng tref
Glynebwy ym mlaen y dyffryn a Chasnewydd, lle mae'r afon yn cyrraedd y
môr. Yn hir a chul fel cynifer o drefi'r Cymoedd, mae'n ymledu fel
rhuban ar hyd gwaelod y cwm. Mae'r pwll glo a roes fodolaeth iddi wedi
cau ers 1985.

First published in Great Britain in 1990 by
Barrie & Jenkins Ltd
20 Vauxhall Bridge Road, London SW1V 2SA

A MEMBER OF
HUNTING
P L C

British Library Cataloguing in Publication Data

Wales from the air.
   1. Wales. Description & travel
   I. Aerofilms Ltd
   914.29′04858

ISBN 0-7126-3737-0

Captions researched and written by Sophia Acland
Translation by Elis Gwyn Jones
Foreword translated by Twm Morys
Map by John Beck

Designed by Carol McCleeve

Typeset by SX Composing Ltd, Rayleigh, Essex
Colour separation by Reprocolor Llovet
Printed and bound in Spain by Graficas Estella

Photo enlargements
All the pictures in this book are available as photographic
enlargements from the original negative. They were
selected from several thousand photographs including
many dating back to 1919, all of which are also available.

Free proofs and price list from:
Aerofilms Limited, Gate Studios, Station Road,
Borehamwood, Herts WD6 1EJ